Bronnbach. Der Kreuzgarten bildet in jedem Kloster einen zentralen Punkt der Anlage.

Evora im Süden Portugals.

HERMANN JOSEF ROTH

Schöne Alte Klostergärten

STÜRTZ VERLAG WÜRZBURG

Beaupré – schöner Anger: Oft verrät schon der Name die innige Beziehung zur Natur.

Inhalt

Einsiedeln. Stets war und ist der Klostergarten auch eine Stätte der Begegnung mit Gott.

Schöne alte Klostergärten

Während du liesest, was ich dir freudig verehre, dann tilge
bitte beim Lesen die Fehler, doch was dir gefällt, anerkenne.
Walahfrid Strabo: »Hortulus«

DAS mußte ja kommen! Wo Klostermedizin, Hildegard-Heilkunde und Karmelitergeist Stichworte zur Umsatzförderung sind, wo gregorianische Choräle authentischer Mönchschöre zu Verkaufsschlagern auf dem Plattenmarkt werden – da waren wohl auch die Klostergärten endlich zur Vermarktung fällig.

Das stimmt sogar, insofern dieses Buch ein bißchen dem modischen Trend gegensteuern möchte. Was nämlich da mitunter an hehrer Erleuchtung aus uralten Weisheiten vorgestellt, was an wundertätigen Arzneien oder raffinierten Kochrezepten klösterlicher Herkunft angepriesen wird, zeugt oft eher von den Vorstellungen der Verfasser und Herausgeber als von der Geistigkeit der Mönche und Nonnen, die als Urheber dieses »Geheimwissens« ausgegeben werden. Mißverstandenes Mittelalter, verklärter Barock und »grüne Alternativen« verstellen mehr den Zugang zur Welt der Klöster, als sie ihn erschließen.

Im klösterlichen Alltag früherer Jahrhunderte besaß alles einen doppelten Aspekt. Dem augenblicklichen Nutzen stand die ewige Perspektive der Schöpfung gegenüber. Wie in einem Spiegel erblickte des Gläubigen Auge Gott in der Natur, empfand dies als Werk seiner Hände. Pflanzen, Tiere und Mineralien hatten nicht nur nützliche Eigenschaften und Kräfte, sondern standen auch für Glaubenswahrheiten, die eine komplizierte Symboltheologie zu entschlüsseln und zu deuten hatte.

Garten und Gärtner, Blumen und Bäume, Erde und Wasser wurden in diesem vielfältigen Zusammenhang wahrgenommen. In Predigten und klösterlichen Unterweisungen spiegelt sich dieses komplexe Weltbild. Sein Verständnis wird freilich durch sprachliche und gedankliche Labyrinthe erschwert.

Leichter als durch die alten Texte werden die christliche Symbolsprache und Botschaft mit Hilfe von Architektur, Fresken, Tafel- und Glasmalereien, den Miniaturen der Codices und der Schnitzwerke verständlich.

Von der Verwaltung des Erbes der Römerzeit über die hochmittelalterlichen Umwälzungen zur Pracht der Barockanlagen wird der geschichtliche Wandel der Klostergärten verfolgt. Den Klostergarten schlechthin gibt es nämlich nicht. Im Entstehen neuer Orden mit jeweils anderen Zielen und Bedürfnissen äußert sich der historische Wandel mönchischer Einrichtungen. Im Mittelalter, als der Mönch praktisch einziger Typ des Intellektuellen war, begegnen uns außerdem einzelne Mönche und Nonnen als Interpreten der Gartenkultur, denen auch heute noch gebührende Aufmerksamkeit zu gelten hat. Auch die Produkte der Klostergärten werden kurz angesprochen.

Neu ist das Kleine Klostergarten-Lexikon: die Übersicht über alte Klostergärten im deutschsprachigen Raum. Sie wird fortgeschrieben werden müssen. (Weiterführende Hinweise nimmt gerne entgegen: Dr. Hermann Josef Roth, Postfach 420 606, D-50900 Köln).

Beim Sinnieren über die Gärten, ihre Pflanzen, deren Heilwirkungen und Schönheit blieben sich Mönche und Nonnen stets bewußt, daß alles Irdische unvollkommen und vergänglich ist. Beim Betrachten und Lesen dieses Buches wird man dieselbe Entdeckung machen. Verfasser und Fotograf bitten um Nachsicht, indem sie aus dem »Hortulus« des Walahfrid zitieren. Als Dank an den Leser bringen sie den Text des Mönchs von der Reichenau zum Abschluß:

Lasse dich Gott, in ewiger Tugend kräftig bestehend, selig gewinnen die Palme ewigen Lebens!

»Weihevolle Düsternis« kennzeichnet portugiesische Klostergärten wie hier in Porto.

Pflanze und Mensch

ELEMENTARE Bedürfnisse bestimmen von Anfang an das Verhältnis zwischen Pflanze und Mensch. Die Vegetation stellt die unentbehrliche Grundnahrung bereit, liefert Produkte für Kleidungszwecke und Schmuck, reizt mit Düften, läßt Heilkräfte und Rauschwirkungen erleben. Diese Erfahrungen zwangen den Menschen stets, Pflanzen kennenzulernen und Methoden zu ihrer Verarbeitung zu entwickeln, aber auch mit der Verfeinerung seiner Kultur, ihre ästhetischen Seiten zu entdecken.

Heilende und berauschende Wirkung haben noch eine weitere Folge gehabt: Die Pflanze wurde Gegenstand religiöser Verehrung und kultischen oder magischen Gebrauchs. Neben den natürlichen Eigenschaften der Pflanzen waren nicht selten auch andere an sich unwirksame, aber äußerlich ins Auge springende Merkmale Anlaß zu religiöser und abergläubischer Bedeutung. Die Ähnlichkeit pflanzlicher Eigenschaften mit Krankheitserscheinungen etwa konnte hinreichend sein, um Kräuter oder Pflanzenteile als spezifische Arznei im gegebenen Fall zu gebrauchen, etwa gelbe Blüten gegen Gelbsucht. Das uralte Prinzip »similia similibus« bereitete gewissermaßen der modernen Homöopathie den Weg, seit Paracelsus fand die Signaturenlehre zunehmend akademische Anhänger.

Die Handhabung so kostbarer Gaben der Natur oder als göttlich gedeuteter Wesen verlangte besondere Umgangsformen. Ernte, Verwertung und Anwendung erfolgten zu bestimmten Zeiten und nach bis ins einzelne festgelegten Riten. Der Schritt zum Pflanzenkult war vollzogen. Anders als bei der Naturbetrachtung des modernen Menschen, der die Kreatur distanzierend in die Subjekt-Objekt-Beziehung einordnen kann, wird dem vorwissenschaftlichen Menschen die Pflanze, die ihm Nahrung und Heilung schenkt, zum Heilszeichen, unter dem ihm höhere Mächte entgegentreten.

Was den Pflanzen an Beweglichkeit oder Sinnhaftigkeit abgeht, wird ausgeglichen durch die Dauerhaftigkeit ihres Lebens, das bei den Bäumen Generationen währen kann. Gerade sie haben maßgeblich ein weiteres Bild bestimmt, das sich den Menschen früh aufdrängte: In der Erde wurzelnd reckt sich der Sproß mit Laub und Blüten dem Licht entgegen und bringt so reiche Frucht. Die heilige Pflanze besitzt dann ewiges Leben oder zeigt es in totemistischer Symbolik an. Das Pflanzliche als Symbol des Lebens und der Fruchtbarkeit weist schließlich, wenn auch nicht immer, auf die Frau.

Folgerichtig spielen mitunter Pflanzen als Fruchtbarkeitszauber oder bei Initiations-Riten eine Rolle. Opfer von Blüten und Früchten, die bei vielen Völkern üblich waren, sollten lebensspendenden Segen vermitteln. Die rituelle Krankenheilung durch pflanzliche Mittel hat ihren Ort zwischen Zauber und Medizin.
Zur Beurteilung der Pflanzen und ihrer Anwendung, zur Ausübung der Riten und Auslegung des Mythos wird zunehmend Sachverstand erforderlich. Zauberärzte und Priester verwalteten das mythische Wissen, das meist merkwürdig verzahnt war mit tatsächlichen botanischen Kenntnissen. Ihre geheimnisvollen Partner waren Vegetationsgottheiten oder besondere Pflanzengötter und -dämonen. Diese konnten umgekehrt Pflanzen geweiht oder nach ihnen benannt werden.

Vegetationskulte sind ein wesentliches Element der altgriechischen Volksreligion. Sie äußerten sich mindestens zweifach. Einmal sollten sie den Ertrag von Acker, Wingert (Weinberg) und Garten sichern, dann aber wurde die Vegetation selber Kultobjekt. Sie lieferte sowohl die verehrungswürdigen Symbole als auch die Materie für Opfer und Sakrament. Der Olivenhain wurde Kultort, natürlicher Tempel. Einzelne Pflanzen symbolisierten Götter und Mächte: Etwa die Eiche den Zeus, der Weinstock den Dionysos, die Rose den Eros und der Lorbeer Apollon. Die Zauber der altrömischen Bauern verraten verwandten Geist. Kelten und Germanen (der geschichtlichen Zeit) lebten gleichfalls in der Vorstellung, daß Pflanzen heilige Kräfte innewohnen. Namentlich die Verehrung von Bäumen ist bemerkenswerter Gegenstand germanischer Frömmigkeit.

Die biblische Überlieferung ordnet sich gleichfalls in diese Zusammenhänge ein. Ihre Fixierung in der Schrift erleichtert den Überblick ebenso wie die relativ geringere Pflanzenkenntnis des Wüstenvolkes der Juden. Neben den Bäumen kannte Israel die »Kräuter«, worunter vor allem Nutzpflanzen (Getreide, Gemüse) verstanden wurden, während der Rest einfach das »Grüne« hieß. Nur wenige Pflanzen macht die Bibel namhaft. Symbolisch verstanden oder als Bild verwendet werden Weinstock und Reben, Öl- und Feigenbaum, Senfkorn, Rose und Lilie. Gärten erscheinen den Wüstenwanderern fast wie ein Wunder. Dementsprechend preist Jesaja (58,11) das messianische Israel als bewässerten Garten, wie er das abtrünnige Volk als Garten ohne Wasser schmäht. Die Braut des Hohen Liedes gleicht einem verschlossenen Garten. Diese Bilder sind durch das Christentum bleibender Besitz europäischer Poesie und Ikonographie geworden.

Heilige Bäume und Kräuter sind somit in der Überlieferung aller Völker lebendig: in Brauchtum und Symbolik, in Mythen und Mystik, in Theologie, Literatur und in der Kunst. Die Vielfalt der Erscheinungsformen und die Vielschichtigkeit der jeweiligen Herkunft lassen jeden Versuch einer Systematisierung letzten Endes scheitern.

Das Phänomen der Volksüberlieferung mußte die Kirche bei der Missionierung und Konsolidierung der missionierten Gebiete bewältigen. Es gelang, weil sie sich flexibel verhielt. Das Sammeln und der Gebrauch von Heilkräutern blieben nicht nur gestattet, Klostergärten und Mönchsärzte förderten dies sogar. Allerdings wurden heidnische Sprüche und Zauberformeln oder entsprechende Gesten strikt abgelehnt. Bestenfalls konnten Ausnahmen erlaubt sein, wenn gleichzeitig das »Pater noster« oder das »Credo« abgebetet wurden. Klugerweise schuf man für das Volk neue Riten.

So ist die Weihe heiliger Öle bis heute in der katholischen Kirche üblich geblieben und genauen Bestimmungen unterworfen. Die Weihe von Feld- und Gartenfrüchten und die Darbringung der Erstlingsfrüchte (Erntedank) konnten zum Teil an alttestamentliche Praxis anknüpfen. Etliche Weiheformeln sind für mehrere Früchte, besonders Äpfel und Weinbeeren, überliefert. In manchen deutschen Diözesen hielt sich bis ins 19. Jahrhundert die Haferweihe am Stephanstag (26. Dezember). Von einer eigenen Rettich-Weihe sind mehrere Formulare bekannt. Besonders die Kräuterweihe an Mariä Himmelfahrt (15. August) war sehr beliebt und konnte sich mancherorts bis heute halten. Bemerkenswert ist, daß der Kräuterwisch immer wieder die gleichen Pflanzenarten enthielt. Im Bergischen Land waren dies: Echter Alant (Inula helenium), Beifuß und Wermut (Artemisia vulgaris und A. absinthium), Wasserdost (Eupatorium cannabinum), Baldrian (Valeriana officinalis), Eberraute (Artemisia abrotanum), Echtes Labkraut (Galium verum), Bittersüßer Nachtschatten (Solanum dulcamara) und Rainfarn (»Muttergottesstab«, Tanacetum vulgare). Auch Gemeine Osterluzei (Aristolochia clematitis), Spargel (Asparagus officinalis) und Sonnenblume (Helianthus annuus) werden angegeben. Im östlichen Westerwald nahm man auch Schafgarbe (Achillea millefolium) und Fuchs-Kreuzkraut (Senecio fuchsii). Insgesamt wechselten natürlich die Zusammensetzung und die Artenzahl im Strauß, der sieben, neun, zwölf oder auch mehr Pflanzen enthalten konnte.

Noch andere Termine für Kräuterweihen waren bekannt. Merkwürdig scheint die Segnung eines Gemisches verschiedener Kräuter mit Wasser und Salz im Erzbistum Köln, das 1536 wegen Aberglaubens verboten wurde. Des weiteren gab es Weiheriten für Nelken (Dianthus spec.), Fenchel (Feniculum officinale) und Wein-Raute (Ruta graveolens). Echter Ziest (Stachys officinalis) und Mandragore (Mandragora vernalis) werden von Hildegard in der »Physica« eigens hervorgehoben. Die Weihen selbst sind bis auf die des Tages Mariä Himmelfahrt erst spätmittelalterlich. Auf altes und modernes Brauchttum, das sich um Adventskranz, Weihnachtsbaum, Palmsonntag, Maibaum usw. rankt, sei lediglich hingewiesen.

Interessant ist in diesem Zusammenhang, wie viele Pflanzen mit christlichen Namen belegt wurden – in Entsprechung zu ähnlicher Gewohnheit bei den Germanen: Christdorn, Christrose, Marienblümchen, Johanniskraut – und wie die oftmals regional wechselnden Bezeichnungen lauten mögen. Manche Legende ist mit solchen Namen verbunden. Andere Pflanzen wurden Attribute von Heiligen oder Zeichen für Tugenden. Der Apfel steht für Christus, die Rose für Maria, die Lilie für Jungfräulichkeit, Lorbeer zeigt den Sieg über die Welt an, das Feigenblatt verdeckt die »Sünde«.

Manche Pflanzenmotive sind derart in die Tiefen der menschlichen Seele eingedrungen, daß sie als Traumbilder mit oft klar erkennbarem Symbolgehalt auftreten. Die Lilie als Symbol der Unschuld und psychologisches Indiz für den Wunsch nach konfliktfreier Lebensführung ist ebenso bekannt wie der Lorbeer, der Erfolg und Anerkennung bedeutet. Verehrung oder gar Liebe bringt die Rose zum Ausdruck. Die Erdbeere weist auf Liebe, Ehe und Mutterschaft und verrät meist sexuelle Erfüllung.

Vielfach aber wechselten die Bedeutungen. Allein das Motiv des Baumes kennt unzählige Abwandlungen. So kann es sowohl Fruchtbarkeit und Geburt als auch Tod bedeuten. Sein Laub kann für Gedanken und Einfälle stehen. Die Eiche verstärkt das symbolische Bild des Lebensbaumes und versieht es mit männlich-kraftvollen Akzenten. Umgekehrt verrät das Bild der Blüte eher Empfindsamkeit und bestimmte Gefühle, die vielfach auf Gedeihen, Fruchtbarkeit, Kinder oder Wachstum ausgerichtet sind.

In der christlichen Symbolsprache wirkt allzu großer Unverbindlichkeit das Wort der Schrift entgegen. An einzelnen Bildern wird noch deutlich werden, wie das biblische Motiv die Phantasie in gewisse Bahnen zu lenken weiß, die es uns heute noch erlauben nachzuvollziehen, was Menschen in und außerhalb der Klöster mit einzelnen Pflanzen verbunden haben.

Spätsommerliche Blütenpracht entfaltet sich hier vor dem Kloster Mittelzell auf der Bodensee-Insel Reichenau.

Reif auf Hortensien-Blüten in einem Klostergarten bei Le Mans – Memento mori!

Die Bedeutung der Pflanze im Leben der Klöster

ZU den schönsten Gesängen der gregorianischen Tradition gehört das »Exsultet«, eine Präfation zur Verherrlichung und Darbietung der brennenden Osterkerze. Aus dem Kloster Monte Cassino (Italien) stammt eine der wenigen erhaltenen Pergamentrollen, die außer Neumen (mittelalterliche Notenzeichen) und Text auch farbige Zeichnungen trägt (ca. 1075–1090). Entsprechend dem Lob des »Praeconium paschale« auf die emsigen Bienen, die das Kerzenwachs gespendet haben, entfaltet die Bildleiste das ganze Spektrum des Imkerjahres. Damit findet zugleich die Blütenbestäubung durch dieses Insekt Anerkennung. Auf vielfältige Weise empfand sich so der klösterliche Mensch mit der Kreatur verbunden bis in die feierlichsten Momente des Gottesdienstes und der liturgischen Musik hinein.

Benedikt, dessen Regel jahrhundertelang alleinige Grundlage monastischen Lebens war, hat das Kloster kurz und bündig definiert als »Schule des Herrendienstes« (dominici schola servitii). Eine solche idealistisch ausgerichtete Gemeinschaft sollte möglichst autark sein, um nicht in schädliche Abhängigkeiten von der Außenwelt zu geraten. Demnach sah die Regel vor, daß alle erforderlichen Einrichtungen bis hin zur Mühle, innerhalb des abgeschlossenen Bezirks, der Klausur (von lat. claudere = abschließen), liegen müssen. Alle hatten sich an den anfallenden Arbeiten zu beteiligen, im Notfall sogar am Einbringen der Ernte, was sonst Sache der Knechte war. Für Frauenklöster galten im Prinzip dieselben benediktinischen Normen.

Gegenüber der römischen Sklavenhaltergesellschaft bedeutete die vorbehaltlose Verpflichtung zu körperlicher Arbeit eine geradezu umstürzlerische Neuerung, eine christliche Alternative gegenüber heidnischen Gewohnheiten. Ihren tiefsten Grund hatte diese Einstellung in der biblischen Schöpfungslehre. Gott tritt im ersten Schöpfungsbericht (Gen 1,1–2,4) auf als einer, der Chaos in Kosmos wendet, der aus Unordnung Ordnung schafft. Ordensleben befolgt im Kleinen das Vorbild des Schöpfergottes. Im zweiten Bild von der Erschaffung der Welt (Gen 2,4–20) legt Gott den Garten Eden an, entsteht in der Wüstenei die Oase. Dort zeichnet sich ebenfalls eine Leitlinie mönchischen Daseins und Tuns ab, in dem die Pflanze wie jedes andere Geschöpf ihren festen Platz im Kosmos einnimmt und vom Menschen als dem Ebenbild Gottes hegend umsorgt wird.

Wie beim heiligen Abendmahl Brot und Wein auf den Altar kommen, so wurden auch im profanen Speisesaal (Refektorium) vorzugsweise Pflanzenprodukte gereicht: hauptsächlich Brot, Gemüse, Hülsenfrüchte und Obst sowie als Getränk Wein oder seit dem 9. Jahrhundert Bier, selten auch Met. Fisch, Milch- und Eierspeisen gab es nur ausnahmsweise, Fleisch nie.

In gängigen Klischees werden Mönche gerne dargestellt, wie sie Wälder roden und Sümpfe trockenlegen, um fern jeder Zivilisation in der »Einsamkeit« oder gar »Wüste« zu hausen. Das sind jedoch literarische Bilder, die symbolisch für die innere Einsamkeit und Loslösung von der »Welt« stehen. In Wirklichkeit setzten Klostergründungen ein Mindestmaß an Infrastruktur voraus, wie Verkehrsanbindung, Wasseranschluß und nutzbare Flächen. Freilich kam es vor, daß im Stiftungsgut minderwertiges Land übereignet wurde, das erst durch gezielte landtechnische Maßnahmen zum Anlegen von Gärten, Wiesen und Feldern erschlossen werden mußte. In der Regel aber wurden bestehende Siedlungs- und Nutzungsflächen übernommen. Allerdings dürfte dies mit einer Verbesserung der Bebauungsmethoden verbunden gewesen sein, wenn die Siedlerkolonie aus hochentwickelten Ländern in agrartechnisch noch nicht so weit fortgeschrittene Gegenden kamen. Solches nimmt man unter anderem an mit dem Auftreten des Benediktinertums nördlich der Alpen, mit der Neubegründung des Weinbaus am Mittelrhein durch Zisterzienser oder auch im Zuge der Ostkolonisation.

Jahrhundertelang waren Mönche die Intellektuellen des Mittelalters, die das Wissen der römischen Antike in ihren Armarien (Bibliotheken) aufbewahrten oder in ihren Skriptorien (Schreibstuben) vermittelten. Hier allein verstand man noch die Schriften von Celsus, Plinius d. Ä. und Dioskurides, in denen auch viel an botanischem Wissen überliefert ist. Auf ihrer Grundlage verfaßten Benediktinermönche eigene naturkundliche oder medizinisch-pharmazeutische Schriften. Beda, Hrabanus Maurus und Walahfrid Strabo im 9. und Odo von Meung im 11. Jahrhundert können als Exponenten einer eigenen »Klostermedizin« und pharmazeutischen Botanik gelten.

Noch origineller sind die Bücher (»Physica«, »Causae et curae«) der Äbtissin Hildegard von Bingen (12. Jh.), in die auch viele Volksweisheiten und eigene Beobachtungen eingeflossen sind.

Als sich später die islamische und christliche Welt auf wissenschaftlichem Gebiet, zum Teil auch durch jüdische Vermittlung, annäherten, verloren Klostermedizin und -botanik ihre bisherige Monopolstellung und mußten nun mit Laienakademien (Salerno, Toledo) und schließlich mit den Universitäten der Städte konkurrieren.

Zugleich stimulierte diese Lage neue Anstrengungen bei den klösterlichen Gelehrten. Inzwischen hatte sich zudem auch im Klosterwesen eine tiefgrei-

Hans Holbein d. Ä. *Albertus Magnus* 1501

fende Neuerung ergeben. Seit dem 11. Jahrhundert mehrten sich die Versuche, das herkömmliche Benediktinertum zu reformieren. Die darin erfolgreichen Klöster wurden Keimzellen neuer Orden: Cîteaux für die Zisterzienser, Prémontré für die Prämonstratenser oder Grande Chartreuse für die Kartäuser. Insgesamt aber blieben diese Gemeinschaften noch dem traditionellen ländlichen Benediktinertum mehr oder weniger stark verhaftet.

Erst die in den aufstrebenden Städten entstandenen Bettelorden, etwa Franziskaner und Dominikaner, stellten einen neuen Typ des Mönchtums dar. Ihrer organisatorischen Flexibilität entsprach nicht selten auch eine größere geistige Beweglichkeit, die es ihnen erleichterte, sich den Universitäten zu öffnen, die gleich ihnen in den Städten aufzublühen begannen. Die Unmittelbarkeit, mit der Franz von Assissi Pflanzen und Tiere in sein Gebets- und Gemütsleben einbezog, hat schon damals die Menschen beeindruckt.

Der wohl bedeutendste Naturwissenschaftler des Mittelalters, Albertus Magnus (1193–1280), war Dominikaner und Professor in Köln. Unter seinen Werken befindet sich auch ein Lehrbuch der Botanik (»De vegetabilibus et plantis«), das bei aller Abhängigkeit von den antiken und christlichen Autoritäten der direkten Beobachtung und dem Experiment eine hohe und bis dahin nicht gekannte Bedeutung zumißt. Im Kreuzgarten seines Kölner Konventes stellte er persönlich Versuche mit Pflanzen an. Der Franziskaner Ramón Lull (1235–1315) destillierte Pflanzenextrakte und setzte pflanzliche Tinkturen an.

Dennoch bleibt der Beitrag der damaligen Gelehrten zur Botanik und Pharmazeutik vergleichsweise gering. Die Mehrzahl der Mönche interessierte sich wie ihre weltlichen Kollegen für Theologie, Philosophie und Jurisprudenz, zumal nur in diesen Disziplinen eine akademische Karriere möglich war. Die von den Ordensgründern stets beabsichtigte Schlichtheit der Lebensführung und die Verpflichtung zu körperlichen Arbeiten geriet immer wieder mit zunehmender Klerikalisierung und Privilegierung der Mönche (gleich welchen Ordens) in Vergessenheit. Aber auch bei unbestreitbar gutem Willen und demütigem Wesen ließen Führungsaufgaben oder priesterliche Funktionen, Lehraufträge und Predigtmissionen in und außerhalb des Klosters einfach keine Zeit mehr, sich mit materiellen Dingen zu befassen. Frauen wie Hildegard und Männer wie Albertus bilden die große Ausnahme.

Handfeste Kenntnisse über Gartenbau und Pflanzenzucht, über Gewürzgewinnung und Fruchtverarbeitung, über Obstveredlung und Blumenpflege besaßen die ungelehrten Laienbrüder und -schwestern, die als eine zweite Klasse von Mönchen und Nonnen (Konversen, Oblaten, Donaten) ungefähr seit dem 10. Jahrhundert in den Klöstern üblich wurden. Ihnen oblag die Verrichtung der praktischen Arbeiten in Haus und Garten, mit der sich die von endlosen Liturgien und gelehrten Studien überbeanspruchten Mönche und Chorschwestern kaum noch abgeben konnten.

Im Kreuzgarten von St. Rémy-de-Provence ist noch etwas vom römischen Erbe zu spüren.

Diese »fratres illiterati« und ihre Mitschwestern haben keine schriftlichen Zeugnisse ihrer Kenntnisse hinterlassen. Nur indirekt läßt sich der bei ihnen vorhandene Wissensstand ermessen. So gehörten Klostergärten stets zum Grundbestand eines jeden Klosters. Selbst die kleinen Stadtkonvente der Bettelorden nutzten dazu jede Freifläche, mindestens aber den zentralen vom Kreuzgang umschlossenen Hof. In vielen Fällen kann man die Verhältnisse noch heute in alten Klosteranlagen nachvollziehen, so daß sich eine Aufzählung erübrigt.

Selbst in der Architektur ist die Liebe zur Pflanze verewigt. In vielen Klosterkirchen und Kreuzgängen rankt Laubwerk über Kapitelle und Schlußsteine, das sich oft botanisch exakt bestimmen läßt. Die Beschäftigung mit dieser steinernen Flora verrät viel von mittelalterlicher Mentalität und führt auf die Vorbilder zurück, die in den Kräutergärten wuchsen.

Glaube und Alltag blieben untrennbar verbunden. Deshalb unterbrach die Glocke in regelmäßigen Abständen den Arbeitsrhythmus und rief zum Stundengebet. Alle anderen Tätigkeiten sollten ja nie zum Selbstzweck entarten, sondern ihren relativen Wert innerhalb der Schöpfungsordnung bewahren.

Besonders einprägsam äußerte sich das im klösterlichen Medizinal- und Apothekenwesen. Krankenwärter (Infirmarius), Bader und Apotheker waren durchweg Praktiker, die jene Arbeiten verrichten, für die Chor- und Priestermönche ebensowenig Zeit hatten wie später ihre weltlichen Kollegen. Arbeiten also, die zudem als »knechtliche« Verrichtungen »dienenden« Ständen aufgetragen waren – auch im Kloster, wenn man von den idealen Verhältnissen ihrer Gründungsphase absieht. Ein Blick in den »Hortulus« des Walahfrid Strabo von der Reichenau oder in die Bücher der Hildegard von Bingen zeigt die Vermengung von realem Wissen mit symbol-theologischen und philosophischen Lehren. Aber Heilung war für die Klosterleute eben nicht nur physiologische Korrektur, sondern immer auch Sicherung des Seelenheils, Befreiung von der Sünde und ihren Folgen. Erst die heutige ganzheitlich ausgerichtete Medizin hat wieder klarmachen können, wieviel Wahres diesen mittelalterlichen Vorstellungen anhaftet. Im Grunde erfuhr die Natur durch den metaphysischen Hintergrund eine Aufwertung. Das Bewußtsein, Gottes Geschöpfe vor sich zu haben, mahnte zu pfleglichem Umgang und sparsamem Gebrauch der Pflanze und ihrer Erzeugnisse sowie zu aufmerksamer Beobachtung ihrer Wirkungen.

Es bleibt erstaunlich, was über diese uns vielleicht so fremde Motivation dann doch an praktischen Kenntnissen erworben wurde. Allein die Zahl der bekannten Heilpflanzen erstaunt. Auch wenn die alten Pflanzenlisten eher literarischen Charakter besitzen, so fanden dennoch die meisten der darin verzeichneten Arten praktische Verwendung. Das geht aus den mittelalterlichen Rezeptarien ebenso eindeutig hervor wie aus Urkunden, in denen Kräuter als Tausch- und Handelsware erscheinen.

Vielfach dieselben Pflanzen bildeten dann aber auch Bestandteile von Weihesträußen, die bei Heiligenfesten gesegnet wurden, um – zu neuer Qualität erhoben – Heil in den Alltag zu vermitteln und den dämonischen Mächten entgegenzuwirken.

Mit der Reformation wurde der Sinn klösterlichen Lebens grundsätzlich hinterfragt und in katholischen Gegenden gründlichen Reformen unterzogen. Unmerklich hatte sich seit der Renaissance das mittelalterliche Weltbild trotz zählebiger äußerer Formen aufgelöst. Auch das Verhältnis zur Natur änderte sich zwangsläufig. Die Pflanze findet erstmals um ihrer selbst willen Darstellung. In den Choralbüchern aus dem Skriptorium des Zisterzienserklosters Altenberg bei Köln umrahmen seit dem 16. Jahrhundert Bildleisten mit nach der Natur gezeichneten Pflanzen die Notenblätter. Da ist es wohl kaum Zufall, daß manche Begründer der modernen Botanik aus Klöstern kamen, wie die ehemaligen Kartäuser Hieronymus Bock und Johannes Brunfels (16. Jh.).

Was gut war an der alten Einstellung gegenüber der Natur und hier insbesondere der Pflanze, verdient es, auch im säkularisierten Wissenschaftsbetrieb und Nützlichkeitsdenken unserer Tage erinnert und neubelebt zu werden: die Achtung vor dem Mitgeschöpf und dem Lebensrecht einer jeden Pflanze.

Ein Fest der Blüten und Farben im Königsbronner Klosterhof.

Im Paradies von Maria Laach gelangen Natur und Kunst zu seltener Harmonie.

Klostergärten des Mittelalters

GÄRTEN beim Kloster waren so selbstverständlich wie Gärten beim Haus. Beide unterschieden sich anfangs kaum voneinander, sieht man vielleicht von der Größenordnung ab.

Durch Gregor von Tours (um 540–594) erfahren wir, daß Mönche aus der Gegend von Nizza Kräuter aus Ägypten bezogen. Die Nachricht kann als Anhaltspunkt für den eigentlichen Ursprung westeuropäischer Klostergärten eigener Prägung dienen. Pflanzen und Pflanzenteile waren auch im Kloster als Heilmittel und Gewürze unentbehrlich. Das Mönchtum, dessen Wurzeln im Orient liegen, hütete außer der geistlichen und asketischen Tradition auch medizinische und sicherlich kulinarische Kenntnisse der Ursprungsländer. Der Bedarf konnte nicht in allem aus der einheimischen Flora und eigenem Anbau gedeckt werden.

Die Ausbreitung des Islam veränderte die bisher zwanglosen Beziehungen zum Orient. Um die Abhängigkeit von Lieferungen aus dem Osten zu beheben, bemühte man sich verstärkt, die gewohnten Heil- und Gewürzkräuter nach Möglichkeit auch im Westen zu ziehen. Botanische Studien begleiteten diese Anstrengungen.

Einen Anhaltspunkt dafür liefert ein Brief des Bischofs Cinehard von Winchester (um 754) an den Mainzer Erzbischof, in dem er für seine Mönche in Malmesbury die Zusendung von Kräuterbüchern erbittet. Etwa zur gleichen Zeit entstand im Benediktinerkloster Monte Cassino eine Abschrift des bedeutendsten pharmakologischen Werkes der Antike, das bereits im 6. Jahrhundert ins Lateinische übersetzt und im 1. Jahrhundert von Pedianus Dioskurides verfaßt worden war.

Ein anderes wichtiges Manuskript war das Pflanzenbuch (»De medicaminibus herbarium liber«) des Lucius Apuleius Barbarus (4. Jh., auch »Pseudo-Apuleius« genannt), das 128 Pflanzen beschreibt und abbildet. Eine Kopie entstand unter anderem im Kloster St. Gallen. Interessant ist, daß in den Abschriften orientalischer Autoren auch Pflanzen der westeuropäischen Flora aufgenommen wurden.

Dies könnte als Indiz dafür gelten, daß man die Lieferungsschwierigkeiten durch Nutzung einheimischer Kräuter auszugleichen suchte.

Bis zu einem gewissen Grad sind sicherlich dabei auch Überlieferungen der Volksmedizin beachtet worden. Anhaltspunkte lieferten umherwandernde Mönche, die von seiten der regulären nicht sonderlich geachtet wurden. Bemerkenswert ist jedoch, daß sich manche ausschließlich von wildwachsenden Pflanzen ernährten, was ihnen dann Namen wie »Boskoi« und »Pabulatores«, die Weidenden, eintrug. Ohne gute Pflanzenkenntnis hätten diese Vegetarier kaum lange überlegen können.

Den ersten historisch sicher nachgewiesenen Klostergarten dürfte der einflußreiche Abt Benedikt von Aniane (um 750–821) angelegt haben. Man vermutet, daß die Namen der hier gezogenen Kräuter sowohl in dem Pflanzenverzeichnis für die karolingischen Landgüter (»Capitulare de villis imperialibus«) verewigt sind als auch in jenen klösterlichen Verzeichnissen, von denen nachfolgend einige beispielhaft vorgestellt werden.

Spuren und Quellen

Kein Klostergarten des Mittelalters ist original überliefert. Erst seit dem Barock gibt es eine ungebrochene Überlieferung klösterlicher Gartenkunst. Für jene fernen Zeiten ist man auf Spurensuche und Auswertung von Quellen angewiesen.

Da Pflanze und Garten stets auch Motive zur allegorischen Einkleidung von Glaubensgeheimnissen lieferten, steckt die bildende Kunst voller Anhaltspunkte zur alten Gartenkultur. Bau- und Figuralplastik, Fresken-, Tafel- und Buchmalerei geben Auskunft über bekannte oder benutzte Pflanzen, lassen Anlage und Dimension klösterlicher und höfischer Gärten erahnen, obwohl sie ja nur indirekt für religiöse und dichterische Aussagen stehen. Diesen Symbolwert zu kennen, ist unabdingbar, um nicht voreilige und daher falsche Schlüsse zu ziehen.

Ähnliches gilt von der Literatur, die nur selten Sachinformationen bieten, sondern religiös belehren will. Diesem Anliegen bleiben die Texte untergeordnet, meist ohne Rücksicht auf sachliche Zusammenhänge. Auch hier hilft wiederum nur sorgfältiges Einlesen in das geistliche Schrifttum: Predigten zu Festtagen, Homilien zu Bibelzitaten, Ermahnungen anläßlich sakramentaler Handlungen.

Doch liegen auch einige Dokumente vor, deren Hauptthema der Garten ist. Viel zitiert, werden sie auch in diesem Buch wiederholt befragt werden müssen.

Karl der Große erließ um 795 Verwaltungs- und Anbaurichtlinien (Capitulare) für seine Landgüter (villis) mit ausführlichen Pflanzenlisten. Etwas später als dieses »Capitulae de villis« entstand um 820 der Idealplan des Klosters St. Gallen, in den auch präzise die vorgesehenen Gartenanlagen eingezeichnet sind. Abt Walahfrid Strabo von der Reichenau besang dichterisch in seinem »Hortulus« (oder »De cultura hortorum«) die Heilpflanzen seines Klostergartens (um 845). Hrabanus Maurus, von 822 bis 847 Abt in Fulda, verfaßte das Lehrgedicht »De rerum naturis«. Dabei lehnte er sich aber aufs engste an die um 600 entstandene Schrift »De natura rerum« des Isidor von Sevilla (Isidorus Hispalensis) an, der seinerseits aus römischen Quellen schöpfte. Darin gibt der Bischof Beschreibungen von Pflanzen und Anleitungen zum Gartenbau.

Nach der karolingischen Zeit klafft eine Überlieferungslücke. Erst später erreicht die mittelalterliche naturkundliche Literatur einen Höhepunkt in den Schriften der Äbtissin Hildegard von Bingen (1098–1179) und des Dominikaners Albertus Magnus (1193–1280). Darüber hinaus finden sich aber auch in den Urkunden verschiedenster Art immer wieder Hinweise auf den Gartenbau der Klöster und dessen Produkte.

Fast aussichtslos gestaltet sich die Spurensuche, weil die alten Gärten längst unter späteren Kulturen versunken sind, weil die Erde, die sie trug, abgetragen oder durch unzählige Ernten erschöpft beziehungsweise umgestaltet ist. Über antike Gärten, etwa in Pompeji, war man durch Ausgrabungen bislang zuverlässiger unterrichtet als über die in mittelalterlichen Klöstern. Da jedoch das westliche Mönchtum in engem Traditionszusammenhang mit der römischen Antike steht, hilft gerade dieser Umstand bei der Rekonstruktion der Klostergärten.

Neuerdings haben auch archäologische Sondierungen weitergeholfen, bei denen Nachweise von Pollen, Fruchtkernen und -hüllen Aufschluß über das damals angebaute Arten- und Sortenspektrum gaben.

Meist wird im Westen das byzantinische Vorbild unterschätzt, obwohl es – angefangen bei Kaiser und Papst – insgeheim bewundert und nachgeahmt worden ist. Diplomatische und Handelsbeziehungen haben nicht selten Wege für den Einzug östlicher Verfahren und von orientalischen Geschmack geebnet. Das Grab der Kaiserin Theophanu (ca. 950–991) im Benediktinerkloster St. Pantaleon zu Köln hält die Erinnerung wach an eine Zeit, da das Reich unter dem Zepter einer Griechin stand.

Schließlich dürften auch bodenständige Einflüsse das Gartenwesen beeinflußt haben, ohne daß dies bisher genau faßbar wäre. Erst die Schriften der Äbtissin Hildegard von Bingen lassen volkstümliche Überlieferungen zwischen anderen durchschimmern.

Im Gegensatz zu herrschenden Klischeevorstellungen gibt es »das« Mittelalter gar nicht, wie man ebensowenig abwertend von »mittelalterlichen Zuständen« reden darf. Diese Epoche war äußerst vielgestaltig. Zu erheblichen geographischen Unterschieden kommt vor allem auch die soziale Gliederung, die wiederum im Laufe der Zeiten politische und ökonomische Schwerpunktverlagerungen durchgemacht hat.

So war auch die Welt der Klöster entgegen allem Anschein ständigem Wandel unterworfen. Benediktinische Klöster der Merowingerzeit sind etwas anderes als fränkische Reichsabteien. Die Reformklöster der Zisterzienser unterscheiden sich grundsätzlich von Stadtkonventen der Franziskaner und Dominikaner. Die spätmittelalterlichen Kartausen schließlich stellen einen ganz eigenen Typ des Klosters dar, das auch dem Garten eine eigentümliche Rolle zuweist.

Eingebettet waren die geistlichen Einrichtungen also in die jeweilige Gesellschaft, die im Frühmittelalter durch die Naturalwirtschaft bestimmt wurde. Im Hochmittelalter regte sich neben ritterlicher Kultur und Minnesang zaghaft naturwissenschaftliches Denken. Die Kreuzzüge brachten orientalische Einflüsse nach Mitteleuropa. Im Spätmittelalter vollzog sich dann verspätet auch in Deutschland der Übergang von der Feudal- zur Bürgergesellschaft.

Ästhetischer Geschmack und leibliche Bedürfnisse wandelten sich also, und die Anforderung an Gartenbau und -gestaltung paßte sich jeweils an, auch in den Klöstern, deren Bewohner sich ja aus diesem Milieu rekrutierten.

Trotz der in der Renaissance vollzogenen Wiederbelebung der Antike entwickelten sich in der Folgezeit Perspektiven, die ökonomisch und ästhetisch neuen Gesetzmäßigkeiten folgen. Der mittelalterliche Garten lebt auch in Klöstern nur noch in den Zeugnissen der Kunst oder in historisierenden Verfälschungen weiter. Barock und Rokoko schufen einen neuen Typ des Klosters, das Stift, und zu ihm passende Park- und Gartenanlagen. Deren gartenbauliche Tradition dauert fast ungebrochen bis heute fort. Sowohl ausführliche Quellen als auch intakte Anlagen gestatten noch immer den unmittelbaren Genuß der prächtigen Gartenschöpfungen der klösterlichen Stifte des 17. und 18. Jahrhunderts.

Von den Gärten der Römer zum Klostergarten

Spirituell will ein Kloster die Selbstheiligung erleichtern. Nicht vom »Stand der Vollkommenheit« ist in der klassischen Regel des hl. Benedikt (†547) die Rede, sondern von dem Weg, auf dem man ihn erreicht. Soziologisch ist das Kloster von Monte Cassino, dessen Leben diese Regel beschreibt und zum Vorbild für andere macht, eine Nachbildung der römischen Großfamilie. An der Spitze des Konventes steht – wie im Römerhaushalt der Vater – der Abt, ausgestattet mit weitreichenden Vollmachten vergleichbar dem »pater familias« der Antike. Die Parallelen zum römischen Hauswesen reichen bis in belanglose Einzelheiten des Regeltextes. Ob Tageslauf oder Kleidungsstücke, Raumeinteilung oder Eß- und Schlafgewohnheiten – in allem spiegelt sich spätrömische Lebensart.

Coimbra an der Grenze zum maurischen Spanien empfing Anregungen islamischer Gartenkultur.

Der heilige Benedikt um 500

Sie blieb für die jungen Völker, die damals das brüchige Imperium unterwanderten, Vorbild und erwies sich als äußerst langlebig, vor allem in den Klöstern, wo die lateinische Sprache mancherorts noch bis ins 20. Jahrhundert zweite Umgangssprache war.

Wir sind über die Gärten der Römer gut unterrichtet. Sie gehörten untrennbar zum Haus. Bei der Stadtvilla wurde die Anlage eher geometrisch gestaltet und architektonisch eingebunden. Beim Hofgut (villa rustica) bevorzugte man dagegen die landschaftliche Einbindung, wobei auch Hanglagen zur gärtnerischen Gestaltung ausgenutzt wurden. Die Beete legte man dann in Form flacher Rampen hangwärts an. Zierpflanzen spielten eine besondere Rolle. Die Wasserführung, oft über ein kunstvolles Kanalsystem gesichert, versorgte nicht nur die Pflanzen, sondern speiste auch Becken, Kaskaden und Springbrunnen. Das wohl eindrucksvollste Beispiel einer solchen Anlage stellt die Villa des Kaisers Hadrian am Fuße des Tivolihügels dar.

Im Zuge der Völkerwanderung verfielen diese Gärten. Die Kenntnisse von Blumenhaltung und Gartengestaltung gerieten weitgehend in Vergessenheit. Nur die Klöster bewahrten antikes Wissen, auch wenn sie es anfangs nicht überall und konsequent genutzt haben mögen.

Die Agrargesellschaft des frühen Mittelalters brachte für den Luxus eines Ziergartens kaum Verständnis auf. Aber gerade in karolingischer Zeit entstanden jene grundlegenden Dokumente, die bereits als Quellen mittelalterlichen Gartenbaues erwähnt worden sind. Sie verraten bis in die Pflanzenlisten einerseits die Abhängigkeit von antiken Vorbildern, lassen gleichzeitig aber auch den neuen Geist erkennen, der in diesen Klöstern lebendig ist. »Dem Himmel verbunden, der Erde zugewandt« – diese noch heute übliche Floskel für das Ordensleben spiegelt auch die Ambivalenz des Gartens. Außer dem unbestrittenen Nutzaspekt dient er der geistlichen Erbauung. Die Allegorisierung des Gartens und seines Inventars steht gleichberechtigt neben seinem bloßen Gebrauchswert. Diesen Aspekt auszuklammern, hieße den Charakter des Klostergartens gründlich zu mißdeuten. Der spirituelle Gehalt ist besonders eindrucksvoll in der christlichen Kunst ausgedrückt.

Schon die unverzichtbare Einfriedung des mittelalterlichen Klostergartens durch Hecken, Zäune oder Mauern dient nicht allein der Abwehr von schädlichen Tieren oder Dieben. Sie symbolisiert das Claustrum, das Kloster, den abgeschlossenen Kosmos von Mönch und Nonne, in dem der Weg zur Vollkommenheit angestrebt wird. »Vita activa« und »vita contemplativa« – aktives und beschauliches Leben gehörten untrennbar zusammen und ergänzten sich. Dieser Dualismus der Lebensauffassung und Lebensführung ist bis heute in dem Schlagwort »ora et labora« – »bete und arbeite« – geläufig und verständlich geblieben.

In diesem Spannungsfeld bewegt sich die Gartenerfahrung des frühen Mönchtums. Zwiespältig wie seine Ursprünge ist die Bewertung des Gartens.

Das Bodensee-Klima begünstigt Experimente mit Pflanzen fremdländischer Herkunft.

Mit den Kunstschätzen im Stift wetteifern die schönen Gartenanlagen von Sankt Florian.

Einerseits findet das Klosterwesen seinen Ursprung bei den frühchristlichen Eremiten (Anachoreten) der ägyptischen und syrischen Wüste. Andererseits hat es Anregungen der griechischen Philosophenschule assimiliert. Wenn Bischof Augustinus von Hippo (354–430) seine mit ihm in klosterartiger Gemeinschaft lebenden Kleriker in einem eigens dazu gestifteten Garten versammelte, wandelte er buchstäblich auf den Spuren von Platon und Theophrast, entstand hier ein »Tusculum« nach dem Vorbild Ciceros.

Umgekehrt mußte einem streng asketisch ausgerichteten Leben die Sinnenfreude der Gärten suspekt bleiben. Der eifernde hl. Hieronymus (350–420) begrüßte wohlgefällig, daß viele Gläubige den hier lauernden Verlockungen widerständen. Die Äbtissin Herrad von Landsberg (1125/30 bis 1195) ließ gar (literarisch) einen Eremiten von der höchsten Sprosse der Tugendleiter herabstürzen, als er sich noch einmal nach seinem Garten umsah.

Doch zunächst soll allein das funktional-gegliederte Gebilde Aufmerksamkeit finden, das mehr oder weniger deutlich in den Schriften der Karolingerzeit und dann des Hohen Mittelalters beschrieben wird. In dieser Zeitspanne bis etwa zum 13. Jahrhundert begann zugleich die Verselbständigung des Gartenwesens, das anfangs vermutlich nur im Rahmen der Klosterkultur und der königlichen Landgüter höheres Niveau besessen haben dürfte. Die Burggärten, die bloß eine Überlebenshilfe für den Belagerungsfall darstellten, entwickelten sich im Spätmittelalter zum höfischen Lustgarten und leiten damit zum Gartentyp der Neuzeit über.

Der Vergleich der karolingischen Quellen offenbart eine Reihe von Übereinstimmungen, aber auch von Unterschieden. Sie dürften also eine gemeinsame Vorlage gehabt haben. Sie sind aber auch nicht nur literarische Texte. Archäologische Sondierungen haben nämlich für viele der genannten Arten bestätigt, daß sie tatsächlich in den Klostergärten angebaut worden sind. Dennoch bleibt eine Diskrepanz zwischen den literarisch verwerteten antiken Vorbildern und der gelebten Wirklichkeit, die noch immer nicht restlos auflösbar ist.

Erst im Spätmittelalter löste sich der umfriedete Garten, der für den Hausbedarf sorgte, für die Erholung (Rekreation) des Konventes diente und Stoff zur Meditation lieferte, aus dem Schatten der Klausur. Am Rande der Abteien entwickelten sich gartenbauliche Großbetriebe neuzeitlicher Prägung. Stadtansichten von Köln oder Bonn zeigen seit dem 15. Jahrhundert ausgedehnte Wirtschaftskomplexe, die – umgrenzt von ihren Immunitätsmauern – regelrechte Stadtteile in klösterlichem Besitz bilden. Allein aufgrund dieser Eigentumsverhältnisse kann hier noch von Klostergärten gesprochen werden. Selbst mit der römischen »villa rustica« haben diese städtischen Plantagen kaum noch etwas gemein. Die Verbindung zur antiken Tradition ist zumindest in diesem Punkt endgültig abgerissen.

Bisher wurden die Klostergärten eher von außen betrachtet. So ist es an der Zeit, sich ihnen und den dort gezogenen Pflanzen auch von innen her, aus der Perspektive der Mönche und Nonnen, anzunähern. Die Kenntnis der großen Zusammenhänge wird es dann erleichtern, konkrete Beispiele und herausragende Persönlichkeiten der klösterlichen Gartenkultur im einzelnen zu würdigen.

Der Klostergarten von St. Gallen

Der Klosterplan, der in der berühmten Bibliothek von St. Gallen in der Schweiz aufbewahrt wird, vermittelt am besten eine Vorstellung von den Gärten frühmittelalterlicher Klosterkomplexe. Dabei bleibt belanglos, ob es sich hier »nur« um einen Idealplan handelt, der in allgemeiner Form Strukturen und Einrichtungen für ein funktionsfähiges Benediktinerkloster entwirft, oder ob es sich um Planungen für eine konkrete Neugründung handelt.

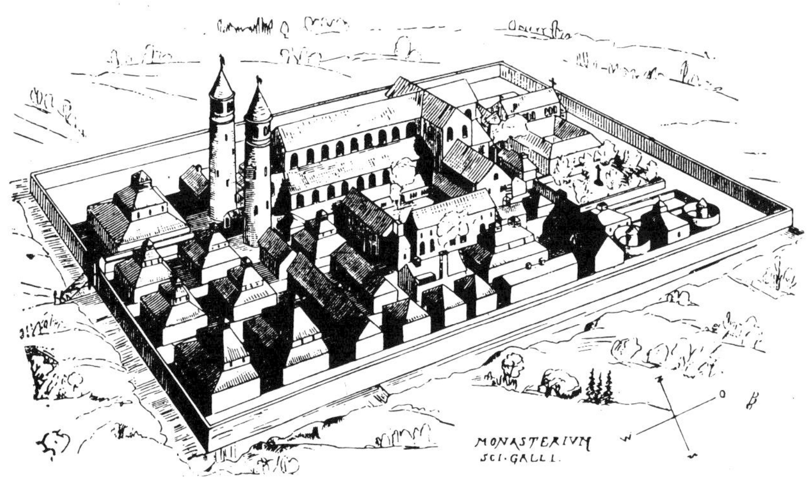

Rekonstruktion des alten St. Gallener Klosters.

Bereits die Anordnung der Bauten in Funktionsbereichen und nach Himmelsrichtungen spricht für eine realitätsbezogene Abwägung aller Erfordernisse. Die als Paradies bezeichneten Vorhöfe östlich und westlich zur Hauptkirche waren vermutlich teilweise bepflanzt und erinnern so an antike Peristyle oder an die Vorgärten zum Portikus römischer Villen. Die Namensgebung deutet aber darauf hin, daß sie vor allem liturgische Funktionen erfüllten und symbolische Bedeutung trugen.

Aus der einstigen »Magerau« haben Benediktiner und Zisterzienser mehr gemacht: die Mehrerau.

Über die Bepflanzung der Gartenfläche inmitten des Kreuzgang-Gevierts gibt die Beschriftung des Originalplanes keine Auskunft. Parallelen zu römischen Gepflogenheiten und die spätere Tradition der Klöster legen es nahe, dies als sicher anzunehmen. Dabei dürfte es sich um Grasflächen oder um Begrünung mit Efeu gehandelt haben. Die Grundrißgliederung in Form eines Wegekreuzes tritt hier zum ersten Mal im deutschsprachigen Raum auf.

In der Mitte des bepflanzten Arkadenhofes wuchs offenbar ein Baum. Das inschriftliche »savina« deuten manche als »Sadebaum« (sevenboom) oder Wacholder. Die mythologisch vieldeutige Pflanze, die unter anderem auch als Mittel für Abtreibungen galt, erhielt im katholischen Volksbrauchtum neben anderem die Aufgabe, böse Geister zu bannen. Im Palmwisch der Karwoche wurde der Wacholderzweig dann liturgisch geadelt.

Besser unterrichtet der St. Galler Klosterplan über die drei übrigen Gartenanlagen, die auch von größerer praktischer Bedeutung sind: Heilkräuter-, Gemüse- und Baumgarten.

Der Heilkräutergarten oder Herbularius liegt demnach östlich hinter dem Ärztehaus und in Nachbarschaft zum Spital. Auf den acht Beeten in der Mitte gedeihen Salbei, Krauseminze/Kresse, Raute, Kümmel, Schwertlilie, Liebstöckel, Polei und Fenchel. Sie werden von schmalen Rabatten rechteckig umschlossen, die wiederum achtfach unterteilt sind. Beim Haus stehen Lilien und Rosen. Die Rabatte im Norden trägt Bohnen und Bohnenkraut. Bei der Ostrabatte sind Frauenminze und Bockshornklee eingetragen, für die Südrabatte Rosmarin und Pfefferminze vorgesehen. Die lateinischen Namen samt botanischen Hinweisen und Anmerkungen zu den pharmazeutischen Wirkungen werden hier der Lesbarkeit halber weggelassen. Für den Kräutergarten wie für die anderen Gärten sind sie stattdessen in eigenen Tabellen zusammengefaßt.

Aus heutiger Sicht fällt das Nebeneinander von Zier- und Heilpflanzen auf. Damals aber waren medizinisch-diätetische, magisch-religiöse und ästhetische Vorstellungen innig miteinander verwoben. Die Rose beispielsweise ist bis heute pharmazeutisch relevant (Hagebutten als Vitamin C-Lieferant), war und ist stets auch eine herausragende Zierblume. Erst recht aber ist sie ein Hauptmotiv mittelalterlicher Symboltheologie.

Diese »einfachen Heilmittel« (medicamenta simplicia) des Dioskorides werden noch in der »Physica« der Äbtissin Hildegard von Bingen im »Liber simplicis medicinae« abgehandelt. Beim Botanischen Garten der Universität Florenz ist noch heute die Bezeichnung »Giardino dei semplici« geläufig. Schönheit und Duft wurden offensichtlich für sich allein als Heilmittel anerkannt!

Spätere Abbildungen verraten, wie man sich die Anlage zu denken hat. Bei Hans Weiditz (1557) sieht man, wie die Beete durch Bretter begrenzt werden. Kleine Pflöcke verhüten deren Umkippen. Dort sieht man auch verschiedene Gartengeräte wie Spaten, Kreuzhacke und Beil. Auch Topfpflanzen sind da auf einer Blumenbank aufgereiht. Zuweilen sichern Flechtgitter aufrechtes Wachstum. Ähnlich dürften auch die Mönchsgärtner von St. Gallen gearbeitet haben.

Südlich vom Noviziat, dem Gebäudekomplex für die Anwärter auf das Klosterleben, erstreckt sich der Friedhof, der als Baumgarten oder Pomarius ausgewiesen ist. Er hat also eine doppelte Funktion als Begräbnisstätte und als Obstplantage. Die schmalen Grabfelder ordnen sich symmetrisch um ein Kreuz in der Mitte. Dazwischen sind die Bäume eingezeichnet. Es liegt nahe, in dieser Doppelfunktion keinen Zufall zu sehen, sondern eine Beziehung zur Symbolik des Baumes herzustellen, zumal der Lebensbaum weit über die christliche Bildsprache hinaus von uralter Bedeutung ist. Auf sie nimmt schließlich auch die Inschrift Bezug, wenn sie verkündet, daß die toten Leiber der Brüder zum Leben wiederaufstehen werden und daß von allen Bäumen das Kreuz der heiligste ist, »da an ihm Früchte des ewigen Heils duften«.

Zur Bepflanzung werden empfohlen: Apfel, Birne, Pflaume, Mispel, Eßkastanie, Pfirsich, Haselnußstrauch, Walnußbaum, Maulbeerbaum, Quitte, Mandelbaum, Lorbeer, Eberesche, Feigenbaum und Pinie. Die Aufstellung verrät die Nähe zum »Capitulare de villis«. Wie bei diesem hat man immer wieder bezweifelt, ob damals bereits südländische Arten, wie etwa die Feige, so weit im Norden angebaut werden konnten und der Liste deshalb einen rein literarischen Charakter zugestanden. Andererseits entfiele dieser Einwand, wenn es sich wirklich um einen Idealplan für Benediktinerklöster schlechthin handelt. Solche gab und gibt es ja von Anfang an in südlichen Ländern, wo der Anbau mediterraner Pflanzenarten selbstverständlich ist.

Südlich vom Friedhof weist der Plan den Gemüsegarten, den Hortus, aus. Die rechteckige Anlage hat zwei Reihen mit je neun Beeten, denen jeweils der Name eines Küchenkrautes zugeordnet ist, nämlich Zwiebel, Lauch, Sellerie, Koriander, Dill, Mohn (Möhren?), Mangold, Knoblauch, Schalotten, Petersilie, Kerbel, Lattich, Bohnenkraut, Pastinak, Kohl und Schwarzkümmel.

Die Lesart für einzelne Arten oder Sorten schwankt bei manchen Autoren gelegentlich und findet in Text oder Tabelle, sofern erforderlich, Berücksichtigung. Wichtiger ist, daß mehrere Pflanzen durch archäologische Sondierungen bestätigt werden konnten. Aus dem Kräutergarten sind dies Rose und Bohne; aus dem Baumgarten Apfel, Birne, Pflaume, Mispel, Eßkastanie, Feigenbaum, Pfirsich, Haselnußstrauch und Walnußbaum; aus dem Gemüsegarten Sellerie, Koriander, Dill, Knoblauch, Petersilie, Schlafmohn, Pastinak und Kohl.

Westlich stoßen die Beete an das Gärtnerhaus. Es sieht einen Raum für den Gärtnerbruder vor sowie zwei Kammern für die Gehilfen. Ein Raum ist für Geräte und Saatgut bestimmt.

Es braucht nicht weiter betont zu werden, daß dieses Schema in der klö-

Auf der Reichenau besang Abt Walahfrid Strabo die Heilpflanzen und ihre Wirkung.

Sankt Gallen:
1 Paradies
2 Taufkessel
3 Ambo
4 Chor
5 Schreibstube u. Bibliothek
6 Sakristei u. Paramente
7 Kapitelsaal
8 Besuchsraum
9 Armenpfleger
10 Keller
11 Wärmeraum u. Schlafsaal
12 Eßsaal (Refectorium) u. Kleiderkammer
13 Mönchsküche
14 Badehaus
15 Brauerei
16 Bäckerei
17 Wirtschaftshaus
18 Haus für Aderlässe
19 Arzthaus, Apotheke
20 Heilkräutergarten
21 Gärtner
22 Geflügelzüchter
23 Speicher
24 Mühlen
25 Stampfmörser
26 Malzdarre
27 Pferdeknechte
28 Rinderhirten
29 Gesinde
30 Schafe
31 Schweine
32 Ziegen
33 Pferde
34 Kühe
35 Aborte (nach Hennebo)

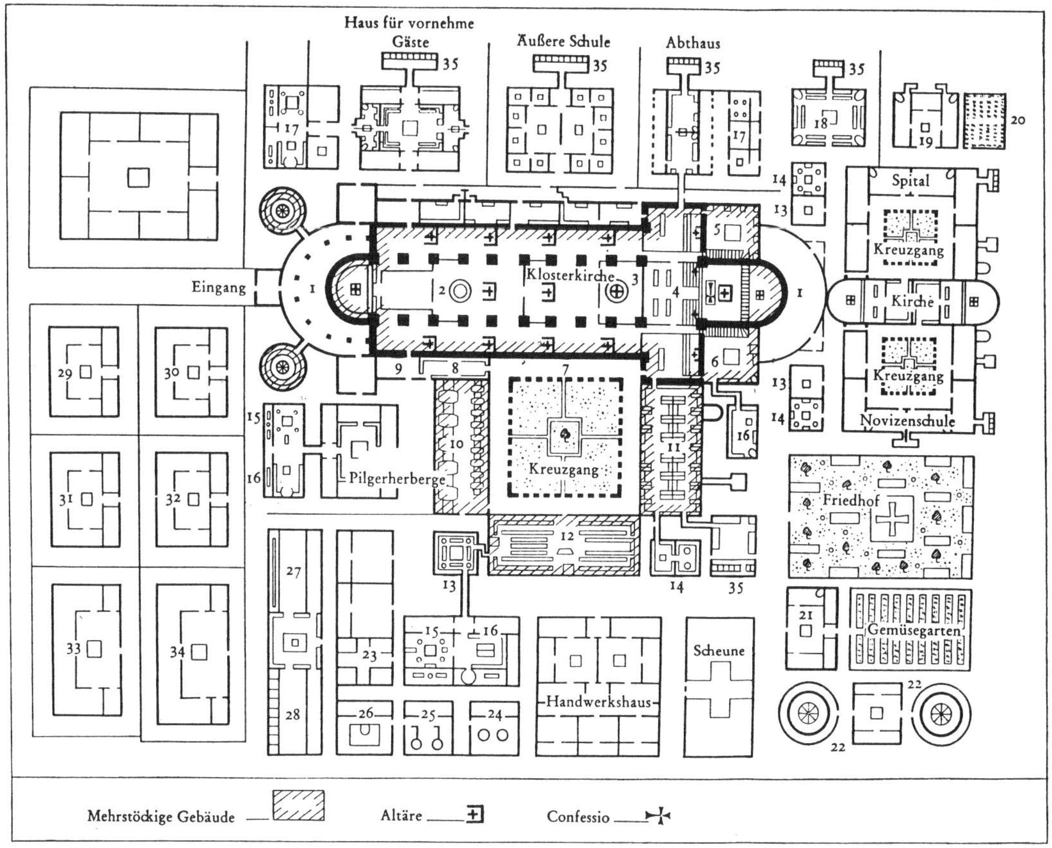

sterlichen Realität in allen nur denkbaren Abwandlungen auftritt und nur eine allgemeine Vorstellung vom Benediktinergarten des Mittelalters vermitteln kann. Eine der Varianten ist der nicht minder berühmte »Hortulus« der Reichenau.

Pflanzenliste aus dem Klosterplan von St. Gallen

Herbularius (Kräutergarten)

Lilium – Weiße Lilie
Pflanze des Mittelmeerraumes, Symbol der Reinheit und Verkündigung
Rosas – Rosen
heimische Arten, Symbol der Liebe und des selbstlosen Leidens, Gewinnung von Rosenöl
Fasiolo – Stangenbohne
nicht die heutige Gartenbohne aus Amerika, sondern dolichos, zierliche Frucht, wassertreibende Wirkung
Ataregia – Bohnenkraut
stammt aus Italien, Würzpflanze, offizinell für Herz und Magen
Costo – Frauenminze
Über Italien aus Ostindien eingeführt, Minzen besaßen hohe Wertschätzung
Fena graeca – Bockshornklee, Griech. Heu
aus dem Mittelmeerraum, verwildert, starker Geruch, hohe Wertschätzung
Rosmarino – Rosmarin
aus dem Mittelmeerraum, nicht winterhart, desinfizierende Wirkung, Würzpflanze
Menta – Pfefferminz
kultivierte Form aus Italien, erfrischendes Aroma, vielseitige Verwendungen
Salvia – Salbei
aus Italien eingeführt, geschätzte Würzpflanze, desinfizierende Wirkung

Reichenau, hier das Münster von Mittelzell, war bedeutendes Zentrum alter Klosterkultur.

Ruta – Raute
bitterstoffreich, für Magenleiden
Gladiola – Schwertlilie
heimische Arten, medizinische Wirkung der Wurzel
Pulegium – Poleiminze
Mittel gegen Ungeziefer, Badezusatz, obwohl das Mönchskapitular Baden beschränkte
Sisimbria – Krauseminze
Kultivierte Form der Wasserminze aus Italien, gegen Herzleiden, Angina
Cumino – Kreuzkümmel
aus dem Orient eingeführt, früher geschätzte Arzneipflanze, Gewürz
Lubestico – Liebstöckel
heute nur noch Gewürz, früher offizinell
Feniculum – Fenchel
Hustenmittel

Hortus (Gemüsegarten)

Cepas – Zwiebeln
Gemüse mit Heilkraft
Porros – Lauch
zwiebelartiges Gewächs mit saftreichen Blättern
Apium – Sellerie
Gemüse und Würze, aus Italien eingeführt
Coriandrum – Koriander
Gewürzpflanze aus dem Mittelmeerraum
Anetum – Dill
Würzpflanze, stammt aus Südeuropa
Papaver – Mohn
alte Kulturpflanze aus Südeuropa, Opiate mit Schlafwirkung, Feldmohn
Radices – Rettich
stammt aus Westasien, verfeinerte Sorten
Magones – Mohn (vielleicht auch Möhren)
Betas – Mangold (oder Rote Beete)
Blattgemüse
Alias – Knoblauch
Gewürz- und Heilpflanze
Ascolonias – Schalotten
Zwiebelart
Petrosilium – Petersilie
Gewürz und Wurzel als Gemüse
Cerefolium – Kerbel
Würze, stammt aus Westasien
Lactuca – Lattich
Salat aus dem Mittelmeergebiet
Sataregia – Bohnenkraut
Gewürzpflanze aus Italien eingeführt
Pastinachus – Pastinak
Wurzelgemüse
Caulas – Kohl
lockerer einfacher Blattkohl, Wintergemüse
Gitto – Schwarzkümmel
Würzpflanze, stammt aus dem Mittelmeerraum

Pomarium (Obstbaumgarten)

Mal, Malus – Apfel
wohl die wichtigste Obstart, mehrere Sorten
Perarius – Birne
bereits von den Römern in mehreren Sorten gehalten, von diesen in Deutschland eingeführt
Prunarius – Pflaume
bereits vor den Römern in Deutschland bekannt, jedoch bei den Römern veredelt
Pinus – Pinie
wohl nur Übernahme aus dem *Capitulare*, würde in Mitteleuropa nicht wachsen
Sorbarius – Speierling
Ebereschenart, wurde zum Keltern, der Säure wegen, benutzt
Mispolarius – Mispelbaum
aus dem Orient eingeführt, teilweise verwildert
Laurus – Lorbeer
wohl nur Abschrift aus dem *Capitulare*, hier nicht winterfest
Castenarius – Eßkastanie
seit den Römern in Weinbauklimaten
Ficus – Feigenbaum
aus dem Orient in den Mittelmeerraum eingeführt, in Mitteleuropa nicht winterfest
Guduniarius – Quittenbaum
stammt aus dem Kaukasus
Persicus – Pfirsich
wurde von den Römern eingeführt

Avellenarius – Haselnuß
heimisch, Nüsse galten als Leckerei
Amendelarius – Mandelbaum
Süßmandel, kaum winterhart
Murarius – Maulbeerbaum
aus dem Kaukasus nach Griechenland eingeführt, gedeiht weit im Norden
Nugarius – Walnuß
seit dem 8. Jh. verbreitet

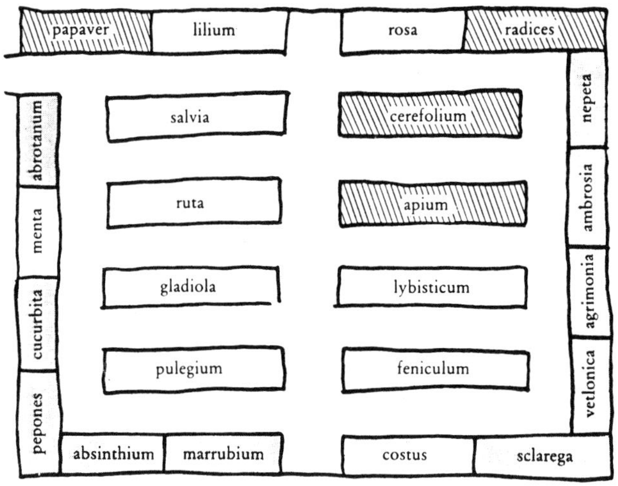

Der Hortulus des Walahfrid Strabo, verglichen mit dem Grundriß des Herbularius aus dem St. Galler Klosterplan. Weiß = identische Pflanzen; schraffiert = Pflanzen aus dem Gemüsegarten des Klosterplans; grau = Pflanzen, die im Hortulus hinzukamen. Durch Teilung der Außenbeete können ohne Änderung des Aufbaus acht weitere Beete aufgenommen werden.

Der »Hortulus« des Walahfrid Strabo

Walahfrid Strabo, seit 838 Abt von Reichenau am Bodensee, hatte einen Teil seiner Ausbildung bei Hrabanus Maurus in Fulda erhalten, wo ihm das Erbe der Antike auch auf dem naturkundlichen Sektor vermittelt wurde. Der bemerkenswerte Mann war sogar seit 829 an der Kaiserpfalz zu Aachen als Erzieher des späteren Königs Karls des Kahlen tätig.

Abt Hrabanus von Fulda lehnte sich, wie erwähnt, in seinem Lehrgedicht »De rerum naturis« der entsprechenden Schrift des Isidor von Sevilla an. Demgegenüber äußert sich sein Schüler Walahfrid viel unmittelbarer. Seine metrischen Dichtungen folgen zwar auch klassischen Vorbildern, bewahren aber ein sehr persönliches Gepräge. Aus der Fülle seiner Poesien ist das Gedicht über den Gartenbau »De cultura hortorum« (kurz der »Hortulus« oder »Das Gärtchen«).

Entsprechend den Anordnungen der Benediktsregel und ähnlich wie in St. Gallen lag der Garten von Reichenau innerhalb der Klausurmauern. Er stieß hier an das Haus des Abtes, der sich jederzeit darin ergehen konnte. Es ist also unverwechselbar s e i n Gärtchen, das der Abt besingt. Bescheiden verweist er zwar auf die Schriften der Alten, um dann doch nachzutragen, daß er auch eigene Erfahrungen verwertet hat. Und die sind manchmal verblüffend, etwa wenn er erzählt, daß ausgehöhlte und abgedichtete Kürbisse zum Kühlen von Wein benutzt werden.

Zunächst verweilt er bei der Bodenbearbeitung und Düngung. Wenn nämlich der Gärtner keine Mühe scheue, so trage jeder Boden jede gewünschte Frucht. Er spricht vom Graben, Hacken, Jäten, dem Vernichten von Maulwurfshaufen und dem Befestigen der Beete durch Bretter, vom Säen und Gießen und der Pflege der Setzlinge.

Sein Gärtchen zählt 24 Beete, hier »areolae« genannt, von denen einige überdacht waren. Dreiundzwanzig Gartenpflanzen widmet er je ein eigenes Kapitel, das die Art beschreibt und ihren Sinnbildcharakter erklärt. Wieder stehen Rose und Lilie vornan.

Fast alle Pflanzen sind sowohl aus dem »Capitulare« als auch aus dem St. Galler Plan bekannt. Neu sind nur Wermut (absinthium), Andorn (marrubium), Heilziest (vettonica), Odermennig (agrimonia), Schafgarbe (ambrosia) und Rettich (rafanum).

Eine Beschreibung des Klosters Reichenau mit seinen Gärten verfaßte 994/997 – nach einer kurzen Phase des Niedergangs – der Mönch Burchard (auch Purchard).

Der »Hortulus« hat über die Klostermauern Reichenaus hinaus gewirkt. Wohl als erster bezog der Benediktiner Wandalbert von Prüm (813–um 870) hieraus Anregungen für seine eigenen Dichtungen. Der Kleriker und Arzt Odo von Meung (11. Jh.) zitiert den »Hortulus« in seinem pharmazeutischen Lehrgedicht »De viribus herbarum«, das unter der Bezeichnung »Macer Floridus« (de herbarum virtutibus) große Verbreitung fand.

Noch einmal sollte sich eine Stimme aus dem alten Benediktinertum erheben und die Schönheit von Blumen und Gärten preisen. Notker der Stammler (Notker Balbulus, um 840–912) läßt in seiner freien Übersetzung des Werkes »Vom Trost der Philosophie« (De consolatione philosophiae) des Boethius dem Gefühl der Naturverbundenheit freien Lauf. Typisch mittelalterlich aber sieht er in allem den Spiegel des Schöpfergottes und in jedem seiner Geschöpfe tugendhafte Vorbilder. Die äolischen Landschaften leben hier in christlich-mönchischer Übertragung fort.

Astheim. Die Kartäuser liebten als Einsiedler Zurückgezogenheit und Stille.

Das Augustiner-Chorherrenstift Sankt Florian ist wohl die größte Klosteranlage Österreichs.

In der Praxis fand offenbar ein reger Austausch zwischen den Klöstern statt. Die erste Kunde von einem Heilkräutergarten der Benediktiner von Tegernsee dringt aus dem Jahr 1000 zu uns. Dort hatte man Sämereien und Anleger von Nutz- und Heilpflanzen aus Benediktbeuren erbeten. Als Pflanzenkenner wird der gelehrte Tegernseer Mönch Werinher erwähnt, der unter Abt Konrad II. einen Kräutergarten angelegt haben soll (1186–1189).

Die erwähnten Importprobleme führten zu Versuchen mit fremdländischen Pflanzen, was überraschend erfolgreich verlaufen sein muß. So erlangten manche Klostergärten gerade durch Anzuchtversuche mit Exoten einen Ruf, wie etwa die Abteien Cornery, Marmoutier und Bourgueil-Touraine. Letzteres zog unter anderem Orangen, Granatäpfel, Oliven, Süßholz, Myrrhen und Myrten.

In Deutschland waren früh schon, zum Teil bereits in karolingischer Zeit, noch andere Klostergärten geradezu berühmt, wie die von Ettal, Fulda, Hersfeld, Benediktbeuren und sogar der in der rauhen Eifel gelegene des Klosters Prüm.

Hildegard von Bingen

Eine Klosterfrau war es, die nach langer Zeit wieder die Stimme erhob, um von Segen und Nutzen der Pflanzen zu sprechen: Hildegard von Bingen (1098–1179). Ihr Vater, der Edelfreie Hildebert von Bermersheim bei Alzey, übergab das achtjährige Mädchen der Klausnerin Jutta beim Kloster Disibodenberg zur Erziehung. Gesundheitliche Probleme dürften sie neben ihrem Bildungshunger schon früh zur intensiven Beschäftigung mit den Heilkräften und Bedeutungen der Pflanzen gedrängt haben. Das Gärtchen bei der Klause vermittelte praktische Anschauung. Der Mönch Volmar, später ihr Sekretär, lehrte sie Latein und so viel vom Wissen der Zeit, wie es für ein weibliches Wesen angebracht schien.

Seit 1136 war sie Vorsteherin der Schwesterngemeinschaft auf dem Disibodenberg. Ein Jahrzehnt später konnte sie den Konvent in das von ihr gegründete Kloster Rupertsberg bei Bingen übersiedeln. Hier entfaltete sie eine rege politische und literarische Aktivität, der wir die ersten umfassenden Nachrichten über Naturkunde und Gartenbau aus dem zweiten christlichen Jahrtausend verdanken. Das holprige Latein glätteten die Mönchssekretäre einigermaßen. Botanisch vielleicht nicht so bewandert wie die Äbtissin, ließen sie viele volkssprachliche Pflanzennamen so stehen, wie Hildegard sie diktiert hat. Darin liegt aber gerade ein besonderer Reiz bei der Lektüre der naturkundlichen Werke »Causae et curae« (= Liber compositae medicinae) und »Physica« (= Liber simplicis medicinae). Da eine verbindliche Terminologie erst durch Carl von Linné geschaffen worden ist (1753), fällt die Bestimmung der Pflanzen und der Nachvollzug der Rezepturen nicht immer leicht.

Die heilige Hildegard, um 1100–1179, *mit dem Mönch Volmar.*

Die Titel verraten bereits, daß vorrangig medizinisch-diätetische Interessen bei der Niederschrift im Vordergrund standen. Heilkunde und Seelsorge gingen stets Hand in Hand. Ganz nach biblischem Vorbild galt die Bekehrung als Voraussetzung für den Heilerfolg. »Die Seele ist wie der Wind, der über die Kräuter streicht«, lehrte Hildegard. Auch, daß Enthaltsamkeit (Askese) und Frömmigkeit vor der Sünde schützen. Ähnlich dachte viel später auch Pfarrer Sebastian Kneipp (1821–1897), dem der Ausspruch zugeschrieben wird: »Vorbeugen ist besser als Heilen«.

Offensichtlich war Hildegard mit den naturkundlichen und medizinischen Vorstellungen der Antike gut vertraut und anerkannte sie als Autorität. Grundlage für ihr Verständnis von Krankheiten und Therapien bildete – wie im gesamten Mittelalter – die Vorstellung, daß vier Elemente – Feuer, Luft, Erde, Wasser (griech. pyr, aér, gé, hýdor) – das Weltgefüge zusammenhalten. Sie wirken über das System der vier Körpersäfte (gelbe und schwarze Galle, Blut, Schleim) auf den menschlichen Leib ein. Hildegard variiert diese alte Lehre (Humoralpathologie) ein wenig und spricht von den vier Qualitäten der Körperflüssigkeit (phlegma) : trocken, feucht, kalt und warm.

Ihre Angaben über Heilwirkungen der Pflanzen beziehen sich durchweg auf diese schematischen Eigenschaften. Losgelöst vom Bezug auf den Menschen dient das Zusammenspiel der vier Elemente auch der Naturerklärung: »Der Schweiß bringt die nutzlosen Kräuter hervor, ihre Feuchtigkeit die nützlichen, eßbaren und auch zum anderweitigen Gebrauch des Menschen dienenden Kräuter. Der Saft erzeugt die Weinbeere und die lebensprießenden Bäume«.

Die in ihren Schriften erwähnten Pflanzen und deren Anwendungen bewegen sich weitgehend im Rahmen der antiken Überlieferung. Diese aber wird keineswegs lückenlos kopiert. Nicht selten wird aus dem Angebot eine sinnvolle Auswahl getroffen. Auch fällt auf, daß vor toxischen und narkotischen Drogen gewarnt wird. Die Äbtissin verfügte also über eigene Beobachtungen und Erfahrungen und hatte genug Selbstbewußtsein, diese auch zu notieren. Ebenso griff sie auch volksmedizinische Überlieferungen auf, selbst wenn sie – aus heutiger Sicht – abergläubisch waren.

Wenn sie vor allem Bäumen wunderbare Eigenschaften zuschreibt, so spielten hier weniger heidnische Überlieferungen mit, als vielmehr Bilder und Gleichnisse der Bibel. Ohne deren Kenntnis ist ein vollständiges Verständnis von Pflanzenkunde und Gartenbau mittelalterlicher Klöster unmöglich.

Den Gartenbau schätzte Hildegard überaus hoch. Da mochten nicht allein die praktischen Bedürfnisse des Klosters mitspielen, das für Küche, Apotheke und Liturgie dringend auf die Produkte des Gartens angewiesen war. Offenbar wird dabei auch jenes Naturverständnis, das, vereinfacht gesagt, Natur als Un-Kultur fürchtete. Kultivierung veredelt demnach die Pflanzen. Die Anstrengung des Menschen ist es, durch die Pflanzen »beim Ausstreuen und Säen die Herbe und Bitterkeit ihrer Säfte« verlieren. Gartengewächse sind demgemäß meist wertvoller als Wildkräuter, »welche sich freiwillig und ohne des Menschen Zutun säen, und rasch und unvermutet wie die ungezähmten Tiere wachsen und emporkommen«. Sie galten (meist) als ungenießbar.

Hier sind wohl auch visionäre Erfahrungen in die Naturdeutung eingeflossen. In der sogenannten »Kosmos-Schrift« (Liber divinorum operum) schildert Hildegard ihre ekstatische Schau der Ewigen Weisheit, der Sophia, als Frauengestalt, die in üppiges Grün gekleidet ist. Die personifizierte Weisheit steht für eine den Dingen innewohnende Kraft. Neuerdings will man darin so etwas wie einen »ökologischen Kern« der Religion sehen (H. Mynarek).

Ohne auf diese komplizierten Spekulationen einzugehen, muß aber der grüne Mantel der Ewigen Weisheit als wichtiges Symbol auch für den Klostergarten des Mittelalters verstanden werden. So gesehen, waren Nonnen und Mönche die »Grünen« von damals, freilich nicht in politischem, sondern in theologischem Sinne. Grün wäre dann gleichbedeutend mit Naturkraft. Welken zeigt ihren Verfall an. Fehlen von Grün ist Krankheit.

Die Sophia, die grüne Kraft, die Ewige Weisheit – sie ist es, die aus der Wüste den Garten, den heiligen Garten macht. Die Grünkraft (viriditas) erfüllt das Innere des Kosmos. Die Illustratoren der Visionsschriften Hildegards haben das darzustellen versucht. Ihre Wurzel haben diese Gedanken vornehmlich in der Bibel. Schon bei der Schöpfung war die Weisheit dabei (Sprüche Salomos 8, 22–31). Sie erschließt das Verständnis für die Kreisläufe in der Natur (Weisheit 7). Sie stellt sich selber als aufsprießenden Baum vor, der schließlich inmitten eines fruchtbaren Gartens Früchte zeitigt (Sirach 24).

Nach diesen Höhenflügen des Geistes sei aber auch an den sinnhaften Umgang mit den Pflanzen erinnert, den Hildegard ebenso kannte. Lilie, Rose, Veilchen und Schwertlilie stellt sie als Zierpflanzen heraus und löst sie damit erstmals aus der Reihe der Heilpflanzen. Immer muß bei der mittelalterlichen Literatur davon ausgegangen werden, das vieles selbstverständlich erschien und ungesagt blieb. Ferner unterscheidet sich in manchem das Weltbild des spekulativen Theologen von dem des ungebildeten Handwerkers, der schlichten Hausfrau oder der dienenden Klosterschwester. Dabei darf nicht allein an Niveauunterschiede gedacht werden, sondern an den konkreten Umgang mit Pflanze und Garten. Diese »schriftlose Empirie« ist nur indirekt durch Zufallsfunde oder durch Schlußfolgerungen aus dem Klosteralltag zugänglich.

Verlassen liegen die Ruinen der ehemaligen Abtei Beauport, nur der Garten lebt wie eh und je.

Die Gärten der Zisterzienser

Nach der Jahrtausendwende wurde der Ruf nach Reform des traditionellen Mönchtums immer lauter. Man besann sich auf die ursprünglichen Lebensformen und nahm sie zum Vorbild. Wirtschaftliche und soziale Umwälzungen förderten den Wunsch nach Veränderung. Diese vollzog sich zunächst innerhalb des traditionellen Rahmens. Die burgundische Abtei Cluny stellt das wohl bekannteste Beispiel einer Reformabtei dar. Doch allmählich entwickelten sich neue Formen des klösterlichen Lebens. Die Zisterzienser und Kartäuser erlangten bleibende Bedeutung.

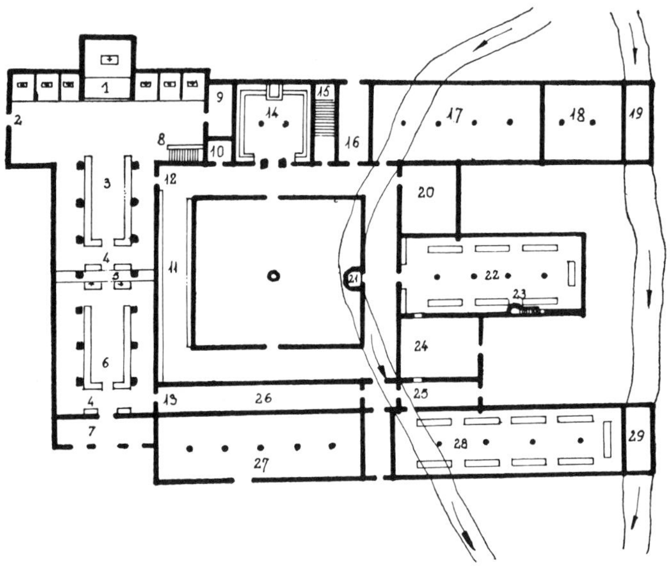

Idealplan eines Zisterzienserklosters
1 Sanktuarium 2 Totenpforte 3 Mönchschor 4 Krankenbänke 5 Lettner 6 Konversenchor 7 Narthex 8 Dormitoriumstreppe 9 Sakristei 10 Armarium 11 Mandatum – Steinbänke zum Lesen und zur Fußwaschung 12 Mönchspforte 13 Konversenpforte 14 Kapitelsaal 15 Dormitoriumstreppe 16 Auditorium 17 Mönchssaal 18 Noviziat 19 Mönchslatrine 20 Wärmeraum 21 Brunnen 22 Mönchsrefektorium 23 Lesekanzel 24 Küche 25 Sprechraum des Cellerars 26 Konversengasse 27 Vorratshaus 28 Konversenrefektorium 29 Konversenlatrine (nach Braunfels).

Nahe bei Dijon in Burgund war 1098 von Benediktinern das Kloster Cîteaux (lat. Cistercium, daher Zisterzienser) gegründet worden. Hier sollte die Regel des hl. Benedikt von Nursia möglichst wörtlich befolgt werden. Auf regelmäßige Beteiligung der Mönche an den anfallenden körperlichen Arbeiten wurde großer Wert gelegt. Auch die Armut wurde betont, was in einer einfacheren Klosteranlage und bescheidenerer Ausstattung zum Ausdruck kam.

Die Quellen gestatten einen recht guten Eindruck von dem Alltagsleben in einem solchen Kloster. Über die spirituellen Hintergründe und frommen Deutungen unterrichten zahlreiche Schriften der Äbte und Theologen, darunter die des hl. Bernhard von Clairvaux (um 1090–1153), der mit Abstand am bekanntesten ist und seinerzeit weitreichenden Einfluß besaß.

Alle diese Schriften haben aber, nicht unähnlich der älteren monastischen Literatur, auch stark fiktiven Charakter, weil sie primär der Erbauung und nicht der Vermittlung von Wissen dienten. Wenn also Bernhard die »Schönheit« eines Ortes preist, im »Buch der Natur« liest, »unter dem Schatten der Bäume« göttliche Eingebungen erfährt oder sich der »Arbeit« hingibt, so muß stets der Doppelsinn dieser Begriffe berücksichtigt werden.

Gerade der häufig bei der Lokalisierung von Klostergründungen verwendete Begriff der »Einsamkeit« hat der Auffassung Vorschub geleistet, diese Klöster seien ganz abseits, sozusagen in der »Wüste« entstanden, die Mönche hätten zuvor die Wälder gerodet oder Sümpfe trockengelegt. Dabei handelt es sich bei der so beschriebenen Einsamkeit um eine literarische Fiktion, mit der die innere Distanz vom äußerlichen Treiben der Welt zum Ausdruck gebracht werden soll. Klostergründungen, auch die der Zisterzienser, erfolgten immer an Orten mit gewisser Infrastruktur, also mit Verkehrsanbindung und Handelsmöglichkeiten, Energiequellen (Wasserkraft, in Küstengegenden Windkraft) und Bodenverhältnissen, die Landwirtschaft und Gartenbau ermöglichten.

Auch »Arbeit« war zunächst einmal die geistliche Mühe (lat. labor), die Mönch und Nonne auf ihr Streben nach Vollkommenheit verwandten. Sie war nie produktives Schaffen. Gerade bei den Zisterziensern überließ man die Arbeit einem eigenen geistlichen Stand, den Laienbrüdern oder Konversen. Sie waren keine Mönche mit Verpflichtung zum Vollzug des Chorgebetes und meist des Lesens unkundig. Sie bewohnten den westlichen Teil des Klosters in der Nähe von Werkstätten und Stallungen. Viele von ihnen waren außerhalb des Klosters auf den Hofgütern (Grangien) tätig.

Wie schon aus der Regel des hl. Benedikt ersichtlich, bildete körperliche Arbeit eher einen Ausgleich zum liturgisch geprägten Tageslauf der Mönche und Nonnen. Auch bei den Benediktinern war angestrengte körperliche Arbeit, etwa der Ernteeinsatz, nur für den Notfall vorgesehen, dessentwegen sie »nicht verdrossen« sein sollten (Kap. 48,7).

Kurzum, man sah die Wirklichkeit damals durch eine ganz andere Brille. Ein »schöner« Garten war in erster Linie ein fruchtbarer. Klosternamen wie Grünhain, Lilienfeld, Schönau oder Schönthal, Cherlieu oder Clairvaux haben weniger geographische als spirituelle Bedeutung. Ein »liber« Ort oder ein

Einsiedeln. Harmonie zwischen Körper und Geist ist Ziel des mönchischen Lebens.

»lichtes« Tal sind Stätten, die sich in besonderer Weise für Gebet und Betrachtung eignen. In ihrem Naturempfinden standen die Zisterzienser des Mittelalters ganz in der benediktinischen Tradition, die vielleicht am deutlichsten in der Landschaftsbeschreibung des Mönchs Wilhelm von Malmesbury (ca. 1080–1142) zum Ausdruck kommt:

Der heilige Bernhard von Clairvaux 1090–1153

Inmitten von wilden Sümpfen, wo sich die Bäume wie ein undurchdringliches Gebüsch ineinander verschlingen, zieht ein ebener Ort voll saftig grünen Grases den Blick des Beschauers durch seine Fruchtbarkeit auf sich. Kein Hindernis stellt sich mehr dem Fuße des Wanderers entgegen. Kein Stück Land liegt brach: hier trägt die Erde Obstbäume, dort ziehen sich Reben über den Boden oder ranken sich zu hohen Weinlauben empor. An diesem Ort wetteifert die Kultur mit der Natur: Was letztere vergessen hat, läßt erstere erstehen. Wie soll man die Schönheit der Bauten beschreiben, deren unerschütterliche Fundamente in sumpfigem Boden gründen. Diese erlesene Einsamkeit ist den Mönchen geschenkt, damit sie den himmlischen Dingen um so stärker anhangen, je mehr sie von den Dingen des sterblichen Lebens befreit sind. Wahrlich, diese Insel ist die Heimstätte der Keuschheit und der guten Sitte, die Schule für alle, die die göttliche Weisheit lieben, kurz, hier ist ein Bild des Paradieses: Sie gibt bereits eine Vorahnung des Himmels.

Besonders schöne Beispiele für dieses Naturempfinden liefert die Lyrik des gelehrten Zisterziensers Alanus ab Insulis (Alain de Lille, um 1125/30– 1203):

Blüten-Gedicht

Es war der Rose Bild so treu hier dargestellt,
Daß von der Wahrheit es kaum unterschieden war.
Mit dem ihr eig'nen Rot glich sie der Purpurglut;
Hat unsern Erdengrund mit ihrem Blut gefärbt.

Und in der Blüten Kreis tritt als Gefährtin ein
Duftend ein Blümelein, das dem Adonis lieb. –
Mit ihrem Silberglanz adelt der Lilie Weiß
Felder, Gärten und schmückt unserer Täler Grund.

Hier streitet Thymian, ungleichen Angesichts,
Mit aller Blumen Flor; ach, er beneidet nur
Die im Erblühn so schön wie die Narzissen sind.
Insgeheim lacht dazu murmelnd des Bächleins Flut.

Allen Blumen voran, so wie der Morgenstern,
Leuchtet der Akelei blütentragender Sproß.
Frieden der Frühlingszeit kündet das Veilchen an,
Das mit Blüten so zart uns die Hecken bestirnt.

So hat die Malerei mit ihrer Farben Gunst
Hier der Blüten Art zu ihrem Sein erweckt.
Von einer Königin stammt dieses Brieflein wohl.
Doch der schreibenden Hand ward es sich nicht bewußt.

So ist der Frühling reich in seiner Hüllen Pracht;
Es bestirnet den Grund mit all der Blüten Glanz,
Welche die Malerei in vollendetem Tun,
Blumen bildend, erschafft mit ihrer täuschenden Kunst.

Frühlings Gnade verschönt Wiesen verschwenderisch,
Hüllet die Erde in ein blütentragendes Hemd;
Linnen liefert das Feld, Purpur des Lenzes Huld,
Beide einander verwob Zephyrs kundige Hand.

Ein solches Gemeinwesen mit all seinen frommen Essern konnte nur als intaktes Wirtschaftsunternehmen bestehen, in dem auch der Gartenbau seinen festen Platz hatte. Vom Beginn des 13. Jahrhunderts existiert eine Schilderung der Gartenanlage von Clairvaux, deren Schwerpunkt zwar bei der Bewässerung liegt, die aber in dieser Perfektion Rückschlüsse auf die reale Gartenkultur der Zisterzienser zuläßt:

Wenn ihr die Lage von Clairvaux kennenlernen möchtet, wird euch dieser Bericht – wie ein Spiegel – ein Bild davon vermitteln. Zwei Berge beginnen nicht weit von der Abtei. Zuerst teilt sie ein enges Tal, danach verbreitert sich die Schlucht, je mehr man sich der Abtei nähert: einer dieser Berge beherrscht die Hälfte der einen Seite des Klosters, der andere Berg die ganze gegenüberliegende Seite. …

Hinter der Abtei befindet sich ein ebenes und weites Land, das zum großen Teil von der Mauer umfaßt wird, deren weiter Umkreis den Umfang der Abtei kennzeichnet. Dort befinden sich, vereint in der Einfriedung der Abtei, zahlreiche und verschiedenartige Bäume, die reich an Früchten verschiedener Sorten sind: dies ist ein Obstgarten, der einem Hain vergleichbar ist. Neben der Krankenabteilung gewährt er den kranken Brüdern eine große Erleichterung; wenn sie sich Bewegung verschaffen wollen, so finden sie dort einen ausgedehnten Spazierweg, und wenn sie müde sind, einen lieblichen Ort der Erholung. …

Dort, wo der Hain endet, beginnt der Garten, in Vierecke eingeteilt, deren Grenzen von kleinen Flüßchen durchzogen sind. … Dieses Wasser dient zweifachem Nutzen: die Fische zu nähren und die Gemüse zu bewässern. Der unermüdliche Lauf der Aube, ein Fluß mit berühmtem Namen, speist es. Ein Arm dieses Flusses, der die zahlreichen Werkstätten der Abtei durchquert, wird überall gesegnet wegen der Dienste, die er erweist. … Sein Bett, dessen Krümmungen das Tal in seiner Mitte in zwei Teile schneidet, ist nicht von der Natur ausgehöhlt, sondern durch die Arbeit der Mönche. Über diesen Weg schickt der Aube-Fluß die eine Hälfte seiner selbst in die Abtei …

Wenn der überströmende Fluß manchmal zu reichlich Wasser außerhalb seiner normalen Grenzen ergießt, wird er von einer Mauer zurückgestoßen, die ihm entgegensteht und unterhalb derer er gezwungen wird zu fließen; dann kehrt er zu sich selbst zurück, und die Welle, die ihrem alten Lauf folgt, nimmt in ihrer Umarmung die zurückflutende Welle auf. Doch in die Abtei eingelassen, soweit es die Mauer, die die Funktion des Pförtners innehat, erlaubt, stürzt er sich zuerst mit Ungestüm in die Mühle, wo er sehr beschäftigt ist und sich viel Bewegung verschafft, sowohl um den Weizen zwischen den Mühlsteinen zu zerstoßen, als auch um das feine Sieb anzutreiben, das das Mehl von der Kleie trennt.

Schon ist er im benachbarten Gebäude; er füllt die Kessel … Aber der Fluß sagt sich noch nicht los. Die Walker, die sich nahe der Mühle niedergelassen haben, rufen ihn zu sich. Er ist in der Mühle damit beschäftigt, die Nahrung für die Brüder zu bereiten, man ist also wohl ermächtigt zu fordern, daß er sich jetzt um ihre Kleidung kümmert. Er widerspricht nicht … Er hebt und senkt abwechselnd diese schweren Stampfer, die Holzschlegel, wenn ihr wollt, oder besser gesagt: diese hölzernen Füße (denn dieser Name bezeichnet die springende Arbeit der Walker genauer), er erspart den Walkern eine große Strapaze. … Wie er mit beschleunigtem Wirbeln so viele schnelle Räder dreht, so verläßt er sie schäumend, damit er sozusagen sich selbst besänftige und weicher werde.

Zisterzienserkloster Kamp.

Dort herausgehend tritt er in die Lohgerberei, wo er, um die notwendigen Materialien für das Schuhwerk der Brüder zu bereiten, ebensoviel Aktivität wie Sorgfalt zeigt; dann teilt er sich in eine Menge kleiner Arme, besichtigt während seines willfährigen Laufes die verschiedensten Arbeiten und sucht überall aufmerksam jene, die seinen Dienst benötigen, welches Objekt es auch sei, ob es sich darum handelt zu kochen, zu sieben, zu zermalmen, zu begießen, zu waschen oder zu mahlen; seine Mitwirkung anzubieten, verweigert er nie. Schließlich … entfernt er den Müll und läßt alles sauber hinter sich. Nachdem er [der abgeleitete Arm] rüstig alles geleistet hat, wozu er gekommen war, eilt er auch schon wieder in schnellem Lauf zum Fluß; … Wir kehren zu den kleinen Bächlein zurück, die wir hinter uns gelassen hatten und die, abgezogen vom Fluß, sich hier und dort durch die Wiesen schlängeln … Diese Bächlein, diese winzigen Rinnsale, werden, nachdem sie ihre Funktionen erfüllt haben, wieder vom Fluß aufgenommen, der sie aus seinem Bett gestoßen hatte; schon beeilt sich der Aube-Fluß, der alle Wellen wieder vereinigt hat, und folgt in raschem Lauf dem Abhang.

Die Zisterzienser von Wilhering betreiben in historischer Umgebung eine moderne Großgärtnerei.

Das im religiösen Schrifttum vermittelte Bild vom Klosterleben steht in verblüffendem Gegensatz zu der rationellen Betriebsführung. Weinberge waren nicht überall und Gärten nur sehr selten ausschlaggebende Wirtschaftszweige der Zisterzienserabteien, sind insgesamt aber beeindruckend in ihrer Leistungsbilanz.

Erwähnenswert sind beispielsweise die Obst- und Gemüsekulturen der Zisterzienser, weil man hier dank der internationalen Beziehungen des Ordens die Einführung und Weiterzucht neuer Sorten vorantrieb. Davon profitierte wiederum die nichtklösterliche Landwirtschaft. Die norwegische Abtei Lysa bei Hardanger war maßgebend in der Entwicklung des Obstbaues in Skandinavien, dessen Überschüsse sie sogar in den Stand setzte, einen Überseehandel mit England zu betreiben. Der Export auf klostereigenen Schiffen genoß dank königlichen Privilegs (1212) Steuerfreiheit.

In allen Abteien bestehen vor allem seit Anfang mustergültige Gemüsegärten. Angebaut wurden Kohlarten, Hülsenfrüchte, Rüben, Hanf, Hopfen (seit Anfang des 14. Jahrhunderts in wachsendem Umfang), Senf, Möhren, Wicken, Zwiebeln, Flachs, Lein, daneben die verschiedensten Obstsorten wie Äpfel, Birnen, Kirschen, Walnuß, Spillinge und andere – je nach Klima und Bodenverhältnissen der betreffenden Gegend. Dazu kamen weitere Gehölze, die als Zierhölzer oder Schattenspender gepflanzt wurden.

Listen der angebauten Kräuter und Bäume sind von Grace-Dieu, Fürstenfeld und anderen Cistercen überliefert oder lassen sich zumindest aus den Urkunden erstellen.

Angesichts der sonstigen Bedeutung der Abteien nimmt es nicht wunder, daß die klösterlichen Obstplantagen für die Obstkultur ihrer Umgebung vorbildlich wurden.

Aus all dem geht hervor, daß in diesen Gärten nicht nur Pflanzen gezogen, sondern auch regelrecht Züchtungsversuche angestellt worden sein müssen. Die Annahme, Doberan habe bereits 1273 Gewächshäuser betrieben, ist jedoch unzutreffend. Eine der wenigen älteren Obstsorten, deren Entstehung überhaupt bekannt ist, hat ihren Ursprung in Zisterzienserplantagen: der sogenannte Borsdorfer Apfel oder auch »Graue Renette« vom Hof Borsendorf des Klosters Pforta. Von Morimond aus wurde er verbreitet über Altencamp nach Walkenried, Pforta, Leubus und weiter nach Osten. Dabei handelt es sich wohl um die Veredelung einer im Bassigny häufigen Sorte.

Albertus Magnus

Bei der Grundsteinlegung des Kölner Domes (1243) war er dabei. Wie die gotische Bauweise die romanische ablöste, so griffen kühne Gedanken um sich, die traditionelle Denkweisen überwanden. Der platonische Idealismus mußte dem aristotelischen Realismus weichen. Einer der Wegbereiter jener damals modern werdenden Sicht der Dinge war Albert der Große oder Albertus Magnus (1193–1280).

Kein Mönch benediktinischer Prägung mehr, sondern Angehöriger der Dominikaner, eines Bettelordens mit größerer Flexibilität in Lebens- und Studierweise, kümmerte er sich mehr als je einer zuvor um die Dinge der Natur. Um ihrer selbst willen wollte er sie erforschen, nicht nur wegen ihres Symbolgehalts, ihrer Heilkräfte oder des praktischen Nutzens. Die Kreuzzüge hatten neben allem Schrecklichen immerhin den Horizont Europas erweitert. Über Araber und Juden waren die naturwissenschaftlichen Schriften des Aristoteles in Übersetzungen bekannt geworden.

Diese Anregungen veranlaßten Albertus, das überlieferte Wissen gezielt auch mit eigenen Untersuchungen zu verbinden, vielleicht gar zu überprüfen. Das war sensationell für damalige Verhältnisse. Gemeingut wurde solche Einstellung erst Jahrhunderte später in der Renaissance. Theologisch fühlte Albertus sich eher konservativ dem Neuplatonismus verbunden. Seine naturwissenschaftlichen Schriften, darunter eine Pflanzenkunde (»De vegetabilibus«), wurden eifrig kopiert. Heute würde man sie als Bestseller bezeichnen.

Der Gartenbau ist neben der Botanik einschlägiges Thema dieses Werkes, wie der Untertitel andeutet (Liber septimus de mutatione plantae ex silvestritate in domesticationem). Noch im typisch mittelalterlichen Gegensatz zwischen Natur und Kultur soll der Gärtner die Pflanze von ihrem Wildtyp (wörtlich: Waldtyp) in die Zuchtform umwandeln.

Albertus soll das gesamte akademische Wissen seiner Zeit beherrscht haben. Man hat ihn deshalb »Doctor universalis« genannt. Was wir heute bewundern, war damals manchen unheimlich. Die Gebrüder Grimm erzählen dazu eine Legende: Als Albertus in Köln den Besuch des zum deutschen König gekrönten Grafen Wilhelm von Holland empfing (1249), habe er diesen eingeladen, die Mahlzeit im Garten servieren zu lassen. Weil bittere Kälte herrschte, waren alle darüber empört. Albertus aber öffnete eine Tür, hinter der Blüten sichtbar wurden und fruchttragende Bäume. Warme und milde Luft, wie im Mai, schlug ihnen entgegen. – Nur klingt das allzu märchenhaft, denn Ähnliches weiß man vom Hof des Harun al Raschid zu berichten. Ein regelrechtes Treibhaus hat sich für den Garten des Kölner Dominikanerklosters im 13. Jahrhundert nie zweifelsfrei nachweisen lassen. Wiederholungen des Erzählmotivs deuten eher auf literarischen Charakter mit geschichtlichem Hintergrund. Diesen bilden Experimente, die Albert offenbar im Garten des Kölner Konventes machte. So führte er durch Unterbinden von Rosenknospen Blühverzug bis zum Herbst herbei. Er veredelte Obstsorten, beizte Saatgut nach eigenem Verfahren, säte Gründünger und sprach sich für Brachezeiten zwischen Fruchtphasen aus. Praxisbezug verraten auch seine vielfältigen Anmerkungen über Pflanztechniken, Bodenbearbeitung und Düngung.

Gewisse Fragen wirft auch der sogenannte »Gartenplan« des Albertus auf. Seinen Anweisungen folgend konnte man einen Grundriß neuartigen Stils erstellen: einen Garten, in dem sich Funktionen überlappen und nicht mehr abgezirkelt zugeteilt werden wie etwa in den Gartenentwürfen der alten Benediktinerklöster.

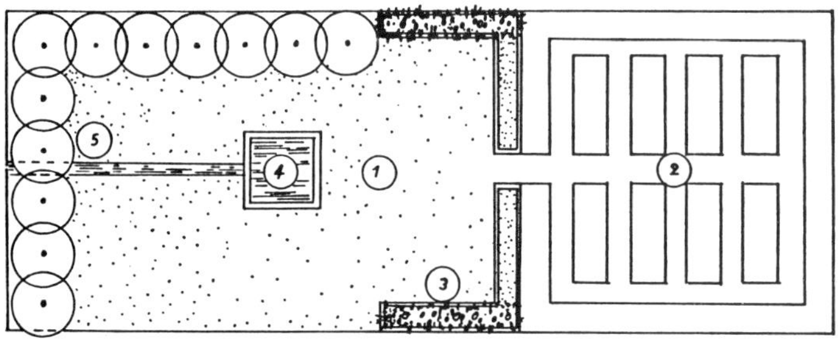

Schema eines Lustgartens nach der Anweisung des Albertus Magnus
1 Wiesenfläche 2 Wurzgarten mit Kräutern und Blumen 3 Rasenbank, an den Seiten mit Blumen bepflanzt, in der Mitte zum Sitzen 4 gefaßte Quelle mit Becken und Ablauf 5 Baumpflanzungen im Süden und Westen.

Auffälligstes Merkmal dieses »Lustgarten«, wie er vielleicht etwas mißverständlich genannt wird, ist eine Rasenbank. Bei Walahfrid zwar schon angedeutet, umfaßt sie hier an drei Seiten die große Wiesenfläche in der Mitte. Da Gartenmöbel unbekannt waren, legte man diese Sitzgelegenheit an, bei der aus Holz oder Steinen sitzhohe Tröge konstruiert und mit Erde gefüllt wurden. Albertus trifft folgende Anweisung: Es »soll ein erhöhtes Rasenstück angelegt werden voll lieblicher Blumen und ungefähr in der Mitte zum Sitzen geeignet, wo die Sinne sich erholen und man sich ergötzlich ausruhen kann«. Es war also kein reiner Nutzgarten beabsichtigt wie bislang in den Klöstern. Die bisher üblichen Gartentypen begannen sich zu vermischen.

Die offene Wiesenfläche vor der Rasenbank wird laut Plan an zwei Seiten von Baumreihen gesäumt. In der Mitte entspringt eine gefaßte Quelle, deren Ablauf der Bewässerung der Wiese dient. Die Rasenbank erlaubt aber auch das Sitzen mit Blick zum Wurzgarten, der in Beete eingeteilt ist und Kräuter und Blumen trägt.

Dieser Gartenplan eilt seiner Zeit voraus und findet sich erst konsequent realisiert auf Miniaturen mit Darstellungen des höfischen Lebens. Besonders deutlich ist der Einfluß, den der Plan ausgeübt hat, in Gartenschilderungen italienischer Dichter (Boccaccio, Petrarca) und in der landwirtschaftlichen Schrift des Petrus Crescentius (um 1233 bis 1320/21).

Albert dürfte neben antiken Anregungen auch byzantinische verwertet haben, die nicht zuletzt infolge der Kreuzzüge in Westeuropa stärker bekannt geworden waren.

Zwei Funktionen besaß der hier skizzierte Garten hauptsächlich. Er war Nutzgarten, der Heil- und Gewürzkräuter, Gemüse, Obst und Blumen lieferte. Gleichzeitig diente er aber auch der Entspannung während der im Tagesplan aller Klöster vorgesehenen Erholungszeit (Rekreation). Die Vereinigung aller Funktionen, die etwa im St. Galler Plan oder anfangs bei den Zisterziensern noch in verschiedenen Teilen der Anlage zum Tragen kamen, in einem Areal, mag teilweise auch aus dem Charakter eines Dominikanerklosters erklärbar sein.

Die Dominikaner waren – ähnlich wie die Franziskaner – Bettelorden (Mendikanten), die nicht nur die Armut des Einzelnen, sondern auch die des Klosters insgesamt betonten. Ihre Anlagen waren aus diesem Grunde erheblich kleiner als die der alten Abteien. Das hatte aber auch den Grund darin, daß sie sich inmitten von Städten und nicht auf dem flachen Land befanden. Im Gegensatz zu städtischen Benediktinerklöstern und Stiften lag ihre Gründung zeitlich später – nachdem die Expansion der Städte in der Regel schon zu einer relativ starken Besiedlung und Bebauung des innerhalb ihrer Mauern liegenden Geländes geführt hatte. Auch die Burggärten standen vor ähnlichen Problemen, so daß hier ebenfalls einer der Gründe für die Übernahme des Albertschen Gartenschemas zu suchen wäre.

Im Kloster jeder Prägung gab es auch reine Grünflächen ohne ausgeprägte Spezialfunktion, etwa im Paradies oder im vom Kreuzgang umschlossenen Geviert. In unmittelbarer Nachbarschaft zur Kirche und anderen Gemeinschaftsräumen mit liturgischer Funktion fiel diesen Grünflächen beinahe spirituelle Aufgabe im Dienst der Meditation (Kontemplation, Betrachtung) zu, etwa im Sinne der »Viriditas« der Hildegard von Bingen.

Aus den Schriften des Albertus ist erstmals Näheres über diese Grünflächen zu erfahren. »Feines, langes Gras« empfand er als besonders ästhetisch. Einsäen von Gras war noch unbekannt. Um eine Rasenfläche zu schaffen, mußte erst der dafür vorgesehene Boden gründlichst von Wurzeln befreit werden. Verbrühen mit kochendem Wasser und Anwendung von Feuer waren üblich. Dann wurden Grassoden, die man anderswo gestochen hatte, aufgelegt, »mit breiten, hölzernen Hämmern fest eingedrückt ... und mit den Füßen in den Boden eingestampft, bis sie kaum mehr zu sehen« waren.

Auch diese Grünflächen konnten durch Blumen belebt werden. Es scheint sich aber kaum um Beete oder Rabatte gehandelt zu haben. Vielmehr dürften in Kreuzgärten oder Paradiesen nur einzelne Blumen gestanden haben. Nächst Lilie, Rose, Schwertlilie und Veilchen erscheint neu die Akelei. Letztere hat in der Gotik eine große Bedeutung gewonnen als Zierform für Architektur und Glasmalerei, sowie als Symbol in Theologie und Predigt.

Der Hochmeister des Deutschen Ordens mußte seinen Sitz in Bad Mergentheim repräsentativ gestalten.

Schöntal nannten die Zisterzienser-Mönche beziehungsreich ihr Kloster.

Die Kartäuser und ihre Gärten

Die ersten christlichen Mönche lebten als Einsiedler. Von den Wüsten Ägyptens und Syriens aus fand diese Lebensweise Eingang in Westeuropa. Als im 11. Jahrhundert die Rückbesinnung auf die Ursprünge einsetzte, erlebte auch das Eremitentum eine neue Blüte.

Einsiedler lebten bei oder mit bestehenden Klöstern. Es gab und gibt auch Benediktinerkongregationen, Klosterverbände also, die vorwiegend eremitisch ausgerichtet sind wie heute noch die Kamaldulenser. Der Domherr Bruno von Köln gründete im Jahr 1048 bei Grenoble eine Einsiedelei, die Ausgangspunkt eines eigenen Ordens werden sollte. Nach der ersten Niederlassung, Chartreuse, erhielt er den Namen Kartäuser.

Ein Kartäuserkloster ist ein kleines Dorf. Um die Kirche scharen sich Gemeinschaftsräume wie Küche, Speisesaal und Bibliothek. Das Haus der Laienbrüder (Konversen wie bei den Zisterziensern) bildet mit Werkstätten und Stallungen einen eigenen Komplex. Schließlich gruppieren sich um einen weiträumigen Kreuzgang die Zellen der Mönche: kleine Häuschen mit Garten.

Die Gesamtanlage kennt große Gartenflächen nach Art der Zisterzienser. Interessant ist, daß bei vielen Kartausen der Friedhof im zentralen Baumgarten liegt, den die Eremitenzellen umschließen. Gewisse Anklänge an St. Gallen sind unübersehbar. Bei den mittelalterlichen Zisterziensern lag der Friedhof in der Regel an der Nordseite der Kirche. Seine gärtnerische Gestaltung variierte.

Die großen Gärten wurden gemeinschaftlich bearbeitet. Meist geschah dies durch einen leitenden Mönch (Prokurator), der die Laienbrüder entsprechend anweisen konnte. Nach den Bestimmungen der Ordenssatzungen (Statuten) sollte er aber einen Gartenmeister einsetzen, in der Regel ein Laienbruder, der dem Prokurator Rechenschaft schuldete. Die Statuten bestimmen ferner: »Der Hüter des Gartens besorgt auch die Bienen. Er hat ein eigenes Haus, wo er sein Werkzeug und seine Samen aufbewahrt. Er gräbt den Garten um, sät die Kräuter aus und jätet mit einem ihm zugewiesenen Gehilfen. ... Wenn kein Gärtner da ist, sorgt der Koch für den Garten. Und wenn ein Gärtner da ist, hilft er ihm, so viel er kann.«

Die vielleicht etwas überraschende Verpflichtung des Kochs erklärt sich nicht nur aus dessen Bedarf an Gemüse und Würzkräutern. Die Konvente der Kartäuser waren vergleichsweise klein. Sie zählten höchstens 14 Mönche (Patres) und 16 Laienbrüder. Es gab auch nur zwei Mahlzeiten am Tag, in Fastenzeiten bloß eine. An manchen Tagen entfielen sie völlig, und man begnügte sich mit Wasser und trockenem Brot. Vermutlich wurde dadurch Arbeitskapazität der Küche frei und für den Garten nutzbar.

Die Gartenbaubetriebe der Kartäuser standen denen der anderen Orden kaum nach. Die Baumschule der Pariser Kartause wurde geradezu vorbildlich für den französischen Obstbau.

Die Kartäusernelke (Dianthus carthusianorum) geht tatsächlich auf den Orden zurück, obwohl man früher die Naturforscher Johann und Friedrich Karthäuser für namengebend hielt. Auch in anderen Sprachen ist die Bezeichnung eindeutig: Carthusian Pink (engl.), Karthäusernellike (dän.), Oeillet des Chartreux (frz.). Bereits Camerius (+1574) spricht vom »Catheuserblümlin«. Die Kartäuser von Allerengelberg im Schnalstal waren durch ihre Nelkenanzucht berühmt.

Ganz aus dem klösterlichen Rahmen fallend und nur aufgrund der eremitischen Lebensweise verständlich ist der Umstand, daß jeder Kartäusermönch bei seiner Zelle einen eigenen Garten besaß, den er auch selbst versorgen mußte. Von Mauern umgeben bildet er einen festen Bestandteil der Zellenanlage. Je nach Bauweise war er unterschiedlich groß und umfaßte etwa 50 bis 100 Quadratmeter Fläche. Bestandteil des Tageslaufes war die körperliche Arbeit, die je nach Wetter und Bedarf im Garten oder in einer zur Zelle gehörenden Werkstatt zu verrichten war.

Die im monastischen Tageslauf vorgesehene Arbeit diente kaum der Produktion, sondern war als Ausgleich zu den geistlichen Übungen gedacht. Anfangs bereiteten die Kartäusermönche noch ihre Mahlzeiten selbst und griffen dabei auch auf die Erzeugnisse des Zellengartens zurück. Bald aber wurde zentral gekocht und das Essen an die Mönche verteilt. Das hieß, daß jeder sein Gärtchen nach Lust und Laune gestalten konnte, ob er nun Gemüse anbaute oder Blumen züchtete. Eine sonst für Klostergärten eher unübliche Vielfalt und Individualität dürfte in diesen Zellengärten zum Durchbruch gelangt sein. Gerade dieser Umstand ist Grund dafür, daß über den individuellen Gartenbau der Kartausen nicht viel Konkretes bekannt ist.

Eine Zeichnung aus der Grande Chartreuse läßt auf einem Zellengrundriß Rosen, eine Lilie und andere Blumen sowie ein Spalierbäumchen erkennen. Hohe Bäume waren indes untersagt, »damit die Intimität der Einsiedelei nicht durch fremden Einblick angetastet würde«.

Ein moderner Kartäuser soll geäußert haben, er könne aus dem Zustand des Zellengärtchens auf den Bewohner schließen: »Ein Optimist setzt Rosen, ein Pessimist Gemüse, ein Realist läßt Gras wachsen«.

Die Barockanlage der ehemals freien Reichsabtei Salem hat schloßartigen Charakter.

Weingärten

Wein gehörte zum Lebensstandard der Klöster. In der maßgebenden Klosterregel des hl. Benedikt von Nursia wird jedem Mönch täglich ein Viertel Wein (1 hemina) zugestanden. Wein war aber auch zum Vollzug des Abendmahls notwendig. Deshalb müßte dem Kräuter-, Gemüse und Baumgarten noch der Weingarten hinzugesellt werden, falls man die Wingerte nicht dem Ackerbau zurechnet. Weinreben rankten zwar auch in den Gärten beim Kloster, konnten jedoch den Bedarf nicht decken. Eigene Weingärten oder Weinberge aber waren nur in klimatisch geeigneten Gegenden möglich.

Die Symbolik der Weinrebe und ihre liturgische Rolle steigerten das Ansehen der Weingärten beträchtlich. Hinzu kam die praktische Bedeutung des Weines als Nahrungs- und geradezu universell angewendetes Heilmittel. Das alles zusammen begründete die hohe wirtschaftliche Bedeutung des Weinbaues, so daß sich Klöster in klimatisch ungünstigeren Gebieten Grundbesitz in Weinbaugegenden sicherten. So besaßen die Zisterzienser von Altenberg im Bergischen Land ausgedehnte Lagen in der Würzburger Gegend.

Stifte und Klöster haben wesentlich dazu beigetragen, daß der hohe Standard des Weinbaus nach dem Zusammenbruch des römischen Reiches für Deutschland gesichert wurde. Das Cassiusstift in Bonn und das Kloster Lorsch verzeichneten bereits zur Merowingerzeit Schenkungen von Weinbergen am Mittelrhein. Die fränkischen Könige hatten als Rechtsnachfolger des römischen Staates dessen Güter übernommen und konnten ihre zahlreichen Klostergründungen konsequent und reichlich mit Weingärten ausstatten. Der Anteil der Klöster allein an den Weinbergen des Mittelrheins und seiner Seitentäler (Mosel, Lahn, Nahe) war beachtlich und erstreckte sich auch auf Konvente außerhalb der Weinbaugrenze.

Umgekehrt führte der enorme Weinbedarf der Geistlichkeit dazu, daß Wein sogar in den klimatisch ungünstigeren Lagen wie Westerwald und Eifel (Prüm) angebaut wurde. Ähnliches geschah in anderen Teilen des mittelalterlichen Deutschlands, wo man Weinbau in Bayern (Tegernsee), Westfalen, Brandenburg und Schlesien (Trebnitz) betrieb. Der Deutsche Orden hat sogar bei Tilsit Weingärten angelegt.

In Österreich, wo manche Klöster ihren Grundbesitz weitgehend intakt bis in die Gegenwart erhalten konnten, ist die Weinbautradition ungebrochen. Andere Klöster, wie die Benediktinerinnen-Abtei St. Hildegard bei Rüdesheim, haben als moderne Gründung alte Überlieferungen wieder aufleben lassen.

Kloster Riddagshausen. Rekonstruktion einer mittelalterlichen Zisterzienser-Abtei mit den verschiedenen Gärten.

Rosen, Zier- und Symbolpflanzen des Mittelalters, blühen noch immer im Garten von Sankt Gallen.

Gärten im mittelalterlichen Weltbild

Gärten der Bibel

DIE Bibel bildete verständlicherweise die Hauptlektüre der Mönche und Nonnen. Unter ihren zahllosen Bildmotiven spielen Gärten eine besondere Rolle. So kommt man an einem Blick in die Heilige Schrift nicht vorbei, wenn man die geistliche Bedeutung der Klostergärten verstehen will.

Die klimatischen Bedingungen des Nahen Ostens haben dazu beigetragen, daß Gärten seit jeher die Phantasie der Orientalen erregten. Die Wasserversorgung als Voraussetzung für die Gärtnerei wird in der Bibel mehrfach angesprochen, im 5. Buch Mose (11, 10), bei Jesaja (58, 11) oder im Buch Sirach (24, 30–31). Das kleine Stück grünen Landes, mühsam der Wüste abgerungen, bedarf des Schutzes. Das hebräische Wort für Garten (gan) ist vielsagend von »beschützen« (ganan) abgeleitet.

Wo Wasser rar ist, handelt es sich bei diesen Anlagen meist um Nutzgärten für Gemüse (1. Buch der Könige 21, 2), Nüsse (Hohelied 6, 11) oder sonstige Früchte (Amos 9, 14). Nur die Könige konnten sich Ziergärten in der Nähe ihrer Paläste leisten (2. Buch der Könige 21, 18.26). Wenn sie jedoch zu Stätten wiederauflebender heidnischer Kulte wurden, in die Israel gelegentlich zurückfiel, erweckten sie den Zorn Jahwe-Gottes und seiner Propheten (Jesaja 1, 29; 17, 10 f).

Im Neuen Testament wird in einem Gleichnis vom Senfkörnlein erzählt, das ein Mensch in seinen Garten warf (Lukas 13, 19). Jesus durchlebt Todesangst am Ölberg im Garten oder Landgut Gethsemane jenseits des Baches Kedron. Sein Grab liegt in einem Garten (Johannes 19, 41).

Das Urbild des Gartens ist Eden, das Paradies. Im Neuen Testament steht der Begriff ausschließlich für das Jenseits (Lukas 12, 43; 2. Korintherbrief 12, 4). Umso vielfältiger hat das Eden der Schöpfungsgeschichte theologischen Scharfsinn herausgefordert, fromme Anmutungen genährt, dichterische Entwürfe bestimmt und in die Kunst hinein gewirkt. Selbst Archäologen forschten nach seinem Verbleib.

Paradies (Atrium, Galilaea) ist aber auch der Vorhof des Narthex (Vorhalle) einer Basilika. Man sollte ihn betreten.

Der Garten Eden

Eden heißt gelegentlich Wüste. Die Schöpfungsgeschichte der Bibel spricht vom »Garten in Eden« und von einem Fluß, der ihn bewässert (Genesis 2, 8 u. 10). So ungenau also die Ortsangabe ist, so unbekümmert ist die gebräuchliche Wortwahl, die Eden mit Paradies gleichsetzt.

Paradies als Lehnwort aus der altpersischen Sprache meint zunächst einen umgrenzten Bezirk. Daraus wurde im Hebräischen die Bezeichnung für Park, Baumgarten oder Lusthof. Benennt noch Xenophon (um 430 – um 354 v. Chr.) die Parkanlagen der persischen Großkönige mit diesem Wort, so bleibt es in der griechischen Übersetzung der Bibel, in der »Septuaginta«, ausschließlich für den Garten, in dem die Menschen vor ihrem Fall lustwandeln. Paradies ist also zum theologischen Fachbegriff geworden, der so auch in der Vorstellungswelt des Klosters seinen festen Platz hatte.

In zwei Geschichten erzählt die Bibel den Schöpfungsvorgang. Die erste höchst kunstvoll durchkonstruierte Geschichte des Sieben-Tage-Werkes zeigt, wie dank Jahwes Wort Chaos in Kosmos, Unordnung in Ordnung gewandelt wird. Die Erde läßt grüne Pflanzen sprießen.

Im zweiten, selbständigen Bericht aber erscheint das Wirken Gottes gleich einer Erschließungsmaßnahme in der Wüste. Einen prächtigen Garten, gut bewässert und reich an Bäumen, erhalten die ersten Menschen zur Bleibe. Lebensbaum und Baum der Erkenntnis werden allerdings auch zum Prüfstein für die Menschen. Stand ihnen bis dahin alles, was der üppige Garten hervorbrachte, uneingeschränkt zur Verfügung, so zieht das Aufbegehren im Hochmut die Vertreibung aus dem Paradies nach sich. Nunmehr trägt die Erde Dornen und Disteln, die Adam im Schweiße seines Angesichts bearbeiten muß.

Es wäre müßig, die Widersprüche des Textes in den Quellen zu entwirren. Vergeblich auch die Frage nach dem geographischen Ort, den manche im Quellgebiet des Euphrat suchen. Die Wirkung allein, die dieses Bild bleibend entfacht hat, berührt noch. Inspiriert hat es bereits die Visionen der Propheten über den Endzustand der Menschheit. Sowohl das verwüstete Kanaan (Ezechiel 36, 35) als auch Zion (Jesaja 51, 3) wandeln sich schließlich zum Gottesgarten. Zion schließlich wird so in Weiterführung des Gedankens zum Himmlischen Jerusalem. Der Paradiesgarten weicht der urbanen Vision.

Doch behauptet sich daneben genauso das Bild des endzeitlichen Paradiesgartens. Zwischen Alpha und Omega spannt sich die Heilsgeschichte, in der die Lebenszeit des Einzelnen wie im Nu verfliegt. In der Apokalypse des Neuen Testamentes verheißt Christus dem Sieger die Früchte des Lebensbaumes, der im Paradies steht (Offenbarung 2, 7). Doch auch zum jetzigen

Oberrheinischer Meister *Das Paradiesgärtlein* um 1415

Zeitpunkt ist das Paradies Aufenthaltsort der Gerechten (Lukas 23, 43). Ruhten sie nach jüdischer Vorstellung in Abrahams Schoß, bedeutet dies für Christen die Gemeinschaft der Verstorbenen, deren Mittelpunkt der Herr ist (Apostelgeschichte 7, 59).

In der christlichen Theologie »gefriert« die naturnahe Poesie der Bibel dann zur Allegorie, die von heidnisch-antiken Vorstellungen durchtränkt ist. Bei Ambrosius von Mailand (um 330–397), dessen Schriften noch heute zur Standardlektüre klösterlicher Liturgien gehören, stehen die vier Paradiesflüsse für Tugenden (Klugheit, Mäßigung, Tapferkeit, Gerechtigkeit), deren Quelle für Christus. Augustinus gar macht die Flüsse zu Evangelisten, die Bäume zu Heiligen, den Lebensbaum zu Christus und den Baum der Erkenntnis zum freien Willen des Menschen.

Mönche, wie der Benediktiner Beda, durften nach solchen Vorbildern ihrer eigenen Phantasie freien Lauf lassen. In verschiedenen Zonen erfährt die Schönheit des Gartens fortlaufend ihre Steigerung. Honorius Augustodunensis (ca. 1080–1137) füllt die vier Paradiesströme gar mit verschiedenen Flüssigkeiten, mit Öl, Milch, Wein und Honig. Andere beschreiben den blumenreichen Anger detailgetreu und sichern ihn durch eine von Edelsteinen besetzte Mauer. Der literarische Pfad mündet in die kosmische Wanderung, die Dantes »Göttliche Komödie« beschreibt.

Die bildende Kunst hat das Motiv seit jeher aufgegriffen und verarbeitet. Ein Idyll zu Beginn der Welt, das Goldene Zeitalter des Anfangs, war ja schon aus der heidnisch-antiken Literatur vertraut. Die frühe Christenheit hat dann ihr Paradies noch reicher ausgestaltet als es die Alten je vermochten oder wollten. Gartenmotive staffieren es in verschwenderischer Fülle aus: Bäume und Blumen, Girlanden und Vögel verleihen den dumpfen Katakomben das Licht sowohl der Künste als auch des Glaubens, für den der Tod seinen Schrecken verloren hat.

Dazu erscheint das Lamm als Allegorie Christi. Es weidet auf grüner Au an den Strömen des Paradieses. Dattelpalmen, Blumen und Hirsche beleben auf ihre Weise die Szenen bis ins 4. Jahrhundert.

Vom Garten zum Paradiesgärtlein

Der Eindruck könnte entstehen, daß im Mittelalter der Gartenbau vernachlässigt wurde, wenn man die stilisierten Paradiesdarstellungen betrachtet, in denen das Gartenmotiv bis zur Unkenntlichkeit erstarrt ist. Was die christliche Antike, darin der heidnischen Welt noch eng verwandt, an Garten- und Pflanzendarstellungen lebensnah zu schaffen vermochte, scheint völlig vergessen.

Die Gartenbilder an den Wänden der Katakomben oder in der Südkirche von Aquileja (4. Jh.) stehen in ihrem Naturalismus den Malereien von Pompeji kaum nach. Die von Zäunen umfriedeten Gärten beleben vielfältige Pflanzen. In den Bäumen hüpfen Vögel. Brunnen sorgen für frisches Wasser.

Natürlich behielt Gartenarbeit auch im Mittelalter und erst recht in den Klöstern jener Zeit ihre große Bedeutung. Sie um ihrer selbst willen im Bild zu zeigen, dafür verspürten die Menschen dieser Epoche kein Bedürfnis. Der Garten ist nun zum Symbol für das Paradies geworden. Es liegt in einer jenseitigen Welt, die dem menschlichen Auge entzogen ist. Das Irdische ist nur Abbild der eigentlichen Realität.

Die kurze naturalistische Phase des 12. Jahrhunderts, die einen Albertus hervorbrachte und die gotischen Dome mit Laubornamenten zierte, blieb ein Zwischenspiel. Erst um 1400 war man wieder stärker für Naturerlebnisse empfänglich. Die Kunst spiegelt nun eine vielfältige Verwobenheit von Natur und Symbol.

Die größte Ausgestaltung erfährt das Gartenmotiv im Zusammenhang mit der Mariensymbolik. Ähnlich wie die Prediger, die in ihrer Auslegung des Hohen Liedes der Bibel dessen Erotik als Marien- oder Christusminne deuten, zeigen die Maler Maria im Garten des Paradieses. Die Muttergottes sitzt auf einer Rasenbank oder auf einer Wiese, auf der »Marienblumen« blühen. Oder sie befindet sich in einem Baumgarten, der im Hintergrund von Zinnen überragt wird. Damit wird nicht etwa ein Burggarten dargestellt. Vielmehr steht der wehrhafte Hintergrund für das Himmlische Jerusalem, zu dem die Gläubigen unterwegs sind, eingedenk des Vorbildes und der Mithilfe der hl. Maria.

Alle diese Darstellungen – einschließlich spezieller Abwandlungen des Gartenmotivs zum Paradiesgärtlein oder zum Rosenhag – sind keine rein künstlerische Spielereien, sondern haben wirkliche Gärten zum Vorbild. So ist bemerkenswert, daß seit Ende des 15. Jahrhunderts besonders in den Niederlanden die Madonna nicht mehr auf der Wiese oder Rasenbank zu sitzen pflegt, sondern in einem »Wurzgarten« auftritt, der sorgfältig in Beete aufgeteilt ist. Wo die Muttergottes gar in offener Landschaft steht, ist nur noch selten ein Garten erkennbar.

Nur gelegentlich erinnerten sich Künstler des 17. Jahrhunderts noch der Mariensymbolik des Gartens. Jan Brueghel d. J. und andere flämische Maler stellen noch einmal Maria oder die Heilige Familie innerhalb eines Gartens dar. Zur Zeit des Rubens bleibt davon noch der Früchtekranz übrig.

Von der Muttergottes zum Jesuskind ist nur ein kleiner Schritt. Deshalb bedient sich auch die Christussymbolik gerne des Gartens. Auch hier steht der Garten meist für das Paradies. Das gilt auch für die Darstellung der Auferstehung im Garten. Nicht der historische oder geographische Ort soll gezeigt werden, sondern die Gefilde der Seligen, in die Christus als erster einzieht.

Tournus. Ob in der Natur oder als plastische Bauzier – stets wird die Rose zum Gleichnis.

So liegt es nahe, daß der Garten auf das Unsterbliche im Menschen, auf die Seele bezogen wird. Besonders durch die um 1100 am Mittelrhein entstandene Schrift »Speculum virginum« (Spiegel der Jungfrauen) wird diese Vorstellung populär. In Form eines Dialoges werden darin Erklärungen und Deutungen des Klosterlebens von Frauen geboten. Die Braut symbolisiert nicht mehr nur die Jungfrau Maria, sondern auch die menschliche Seele, die sich einem Leben in Jungfräulichkeit geweiht hat.

Das Werk arbeitet mit Bildern aus der Gartenwelt, die jedoch durchweg allegorisch verstanden werden: Der Baum wird zum Stammbaum Christi; das Paradies ist mit Bäumen der Tugenden ausgestattet; bei der Ernte werden deren Früchte eingebracht. Diese geistlichen Dialoge offenbaren mehr über das Verhältnis der Nonnen und Mönche zum Garten als heutige Spekulationen über die Heilkräfte der Klostermedizin.

So angenehm der konkrete Garten eines Klosters auch von damaligen Menschen erlebt worden ist, so sehr man sich in der knappen Freizeit – sie heißt im klösterlichen Tagesplan »recreatio« – an seiner Schönheit erfreut haben mag, stets nährte sein Anblick die Sehnsucht nach dem Himmel als Ort der Seligen und als Erneuerung des irdischen Paradieses am Ende der Zeiten.

Rosenhag

Schönheit, Duft und Vergänglichkeit der Rosenblüte haben sie seit jeher zum beliebten Symbol werden lassen, das – zur Rosette stilisiert – schon in der altgriechischen Kunst erscheint. Aus dem Blut des sterbenden Adonis entstanden, bildet sie das Attribut der Göttin Aphrodite und steht sinnbildlich für die Liebe. Seit den Etruskern bekränzen Rosenranken und -blüten die Grabstätten. Auf dem Anger von Elysion erblühen Rosen in Fülle.

Nur anfangs distanzierte sich die Christenheit von dem heidnischen Sinnbild. Dann erscheinen Rosengebinde an den Wänden der Katakomben. Rosen- und Liliensträuße schmücken die Gotteshäuser. Bernhard von Clairvaux (1090–1153) fühlt sich durch das Rot der Rosenblüte an das Blut der Märtyrer erinnert.

Die Ritter lernten auf ihren Kreuzfahrten die erlesenen Züchtungen des Orients kennen und schätzen. Die Rose wird zum bevorzugten Sinnbild Mariens und ihrer Schönheit.

Im Bogenfeld über dem Portal der Elisabethkirche zu Marburg an der Lahn (13. Jh.) ist die Darstellung der Rose zu höchster Vollendung gediehen. Was hier und in Freiburg im Breisgau als neues Motiv eingeführt wurde, erfährt nun vielfältige Abwandlung. Ganz naturalistisch rankt die steinerne Rose empor, Blüte und Sproßteile sind botanisch korrekt. Wie ein dichter Strauch streben die ornamentalen Ranken über der Figur der Madonna schattenspendend zusammen. Die Prediger erfinden immer neue Beziehungen zur reinsten Jungfrau, die sie auch in der Bibel zu entdecken meinen und die bis heute zum Teil noch volkstümlich sind, wie das Weihnachtslied »Es ist ein Ros entsprungen aus einer Wurzel zart«.

Stephan Lochner *Die Muttergottes in der Rosenlaube* um 1440

Das Gartenmotiv des »Hortus conclusus« verschmilzt mit der Mariensymbolik. Oberrheinische Künstler setzen Maria erstmals um 1420 in einen Rosenhag. Im Spalier der Tafelmalereien flattern Vögel von Ast zu Ast. Das himmelwärts weisende Symbol des paradiesischen Rosenhags erhält zunehmend Bezug zum irdischen Garten. Die Renaissance schließlich löste die symbol-theologischen Gehalte endgültig auf. Die Madonna sitzt nun in der offenen Laube und nicht mehr im Rosenhag, dessen Dornengerank sie und das Kind vor der Welt abschließt und mystischen Sphären zuweist.

Christus als Gärtner

Auf einem elfenbeinernen Buchdeckel, der Ende des 11. Jahrhunderts in Bamberg entstand und sich heute in der Universitätsbibliothek zu Würzburg befindet, hält Christus in der Linken einen Spaten. Es ist das erste erhaltene Beispiel für die Darstellung Jesu in Gestalt eines Gärtners. Eine Initiale zum Buchstaben B einer in der Bamberger Stiftsbibliothek befindlichen Handschrift (um 1300, Hs. 149) läßt den Kreuzstab Christi in einen Spaten münden. Auch eine Schnitzerei am Chorgestühl zu Oberwesel am Rhein (um 1330) dürfte dieses Motiv zeigen. Am bekanntesten ist der Christus-Gärtner in Dürers kleiner Holzschnitt-Passion (1511).

Grundlage dieses Bildes ist jene Szene am Ostermorgen, als die Frauen zum leeren Grab eilten und Maria Magdalena den Auferstandenen für den Gärtner des Gartens Gethsemane hielt (Johannes 20, 15). Der Herr mahnt, ihn nicht zu berühren. Die lateinische Formulierung wurde zur bekannten Redensart »Noli me tangere«. Während die Ostkirche das Motiv künstlerisch kaum verwertet hat, fand es im Westen weite Verbreitung, wobei Jesus außer mit dem Spaten auch oft mit der Kappe als Attribut versehen ist.

Während anfangs streng nach der biblischen Vorlage gezeichnet wurde, schuf man später auch Garteneinsichten. Der Meister der »Goldenen Tafel« zeigt auf seinem Gemälde (15. Jh.), das sich heute im Wallraf-Richartz-Museum zu Köln befindet, eine blühende Wiese mit naturgetreu erfaßten Pflanzen. In erweiterter Form fand das Motiv weite Verbreitung auch in der außerklösterlichen Kunst bis zu den Nazarenern des 19. Jahrhunderts.

Man mag darin die Hochschätzung eines Berufsstandes erblicken. Aber das »Noli me tangere« beschreibt vor allem das Geheimnis der Auferstehung, das sich dem Zugriff des Verstandes ebenso wie dem der Hände entzieht. Für religiöse Menschen nicht nur in den Klöstern enthielt die Realität des Gartens also auch transzendente Seiten, wo der Weg vom Geschöpf zum Schöpfer führt. Diese Lesart ist wesentlich zum Verständnis der Gärten von Klöstern und Stiften.

Nach dem Vorbild der Ordensregeln des hl. Benedikt aus dem 6. Jh. schreiben die Statuten verschiedener klösterlicher Gemeinschaften den Mönchen körperliche Betätigung vor.

Allegorische Figuren zieren die Gärten vieler Barockklöster wie hier in Bronnbach.

Porto. Die Intimität portugiesischer Innenhofgärten erstaunte schon König Philipp II.

Klostergärten der Neuzeit

LUTHER (1483–1546) wohnte nach der Heirat mit seiner Familie im Kloster. Die Reformation stellte zwar die klösterliche Lebensform in Frage, ließ aber ihr kulturelles Umfeld weitgehend unangetastet. Ob ein Kloster in eine Krankenanstalt, ein Damenstift oder Studienkolleg umgewandelt wurde – die Anlagen und damit auch die Gärten hielt man nach wie vor in Ordnung.

Die Klostergärten der Neuzeit unterscheiden sich dennoch von denen des Mittelalters. Klösterliche und weltliche Gärten wurden sich immer ähnlicher. Planungsmerkmale des Klostergartens von Albertus Magnus waren auch in Burg- und höfische Gärten übernommen worden. Dieser Prozeß hat seit dem Spätmittelalter immer stärker die Unterschiede verwischt.

Innerkirchlich vollzog sich seit der »Gegenreformation« auch ein gegenseitiges Anpassen der Orden. Im Barock kam die Meinung auf, die Prämonstratenser hätten nichts Eigenes aufzuweisen (Ordo Prämonstratensium nihil habet speciale). Diese Redensart ist fast auf alle Ordensgemeinschaften von damals anwendbar.

Eine weitere und tiefgreifende Veränderung zog die »Entdeckung« Amerikas nach sich. Die Begegnung der europäischen und indianischen Kulturen führte unter anderem zu einem Austausch bislang unbekannter Pflanzenarten. Gerade Mönche und Nonnen, denen die Missionierung und Seelsorge in Übersee oblag, pflegten aus menschlich-religiösen Gründen enge Kontakte mit den Einheimischen. Sie waren auf Grund ihrer Bildung sehr an den Kenntnissen der Indios interessiert, die sie über ihre Orden nach Europa vermittelten. Nicht nur die Bibliotheken der alten Abteien in Spanien und Portugal, sondern auch ihre Gärten spiegelten diesen Prozeß wider.

Aus Amerika kamen Mais, Kartoffeln, Kürbis, Bohnen und Paprika, Kakao, Vanille und Chili, Erdnüsse, Ananas, Avocado und Tomaten sowie eine Vielzahl von Blumen nach Europa. Die Kapuzinerkresse hält im Namen die Erinnerung an diesen Vorgang wach. Das Chinin der Medizinmänner Perus – als Gegenmittel bei Malaria – erlaubte erst eine dauerhafte Besiedlung ganzer Landstriche. Umgekehrt führte man Getreide (Weizen, Gerste, Roggen, Reis), Gemüse (Erbsen, Linsen, Spargel, Spinat, Endivie, Mangold, Petersilie) und Obstsorten (Äpfel, Birnen, Aprikosen, Quitten, Apfelsinen, Zitronen, Feigen, Pfirsiche u. a.) nach den »Indias« aus.

Die Klostergärten der Abteien in Rio de Janeiro, Olinda oder Salvad dürften verblüffende Ähnlichkeiten mit denen in Lissabon, Coimbra oder Porto gehabt haben.

Portugal, am weitesten von den Schauplätzen der Reformation entfernt und weniger stark unter Zentralismus und Absolutismus bigotter Könige leidend, hat denn auch einen Klostergarten eigenen Typs entwickelt. Er war nicht mehr Nutzgarten, sondern sollte Stimmungen erzeugen, die für die Meditation förderlich waren. Zedernalleen schufen dunkelgrüne lebende Mauern, an denen weltliche Weitschweifigkeit zerbrechen mußte. Manche sehen in den Hecken des Klostergartens von Busaco gar ein Weiterleben der heiligen Haine der Druiden.

Für die Klostergärten der Renaissance fehlen im deutschen Sprachraum geeignete Belege. Die Gärten der Klöster und Palazzi von Florenz vermitteln den besten Eindruck von der Ablösung des mittelalterlichen durch den neuzeitlichen Garten. Bisher bedeutete Garten ein Rechteck, das durch Wege – mitunter mit Pergola – in weitere Rechtecke aufgeteilt wurde. Auch die Rasenfläche im Plan des Albertus war noch eingezwängt in Rabatte und Grasbank. Die Renaissance »öffnete« den Garten, beschnitt die Lauben, ließ die Wege ins Freie treten und begann allmählich sogar, den Blick vom Innern des Gartens weiterzulenken auf die umgebende Landschaft. Wo das Mittelalter nur Brunnen und Rinnsal zur Bewässerung anlegte, gab es jetzt nach orientalischem Vorbild Wasserspiele.

»Gart der Gesundheit«

Angeregt durch die Gartenkultur südlicher Länder und auf Grund ihrer Bedeutung für die Heilkunde entwickelte sich im 16. Jahrhundert die Botanik als erste Disziplin der wissenschaftlichen Biologie. Am Rhein schufen »Lexicographen« erste Kräuterbücher. In Mainz erschien 1485 der »Gart der Gesundheit« mit 382 Pflanzenbeschreibungen. Der lateinische »Hortus«, der Johann Wonnecke von Kaub (»von Cuba«) zugeschrieben wird, kennt bereits 1491 Pflanzen.

Ein ehemaliger Kartäuser war es, der jene lange Reihe der »Deutschen Väter der Pflanzenkunde« begründete: Otho Brunfelß (Otto Brunfels, 1488–1534), dessen Vater aus Braunfels an der Lahn stammt. So zukunftweisend sein Werk auch war, es kann die Herkunft des Verfassers nicht verleugnen. Versucht er doch, die in seinem »Contrafayt Kreutterbuch« angeführten Pflanzen mit denen des Dioskurides zu harmonisieren. Seine Autoritätshörigkeit charakterisiert ihn als einen noch mittelalterlichen Menschen, der zaghaft in die Neuzeit schreitet.

Nach seinem Austritt aus der Mainzer Kartause nahm er die evangelische Konfession an und wirkte als Lehrer, Prediger und Arzt.

Mit den Abbildungen des Dürer-Schülers Hans Weiditz wurde Brunfelß' Werk vorbildhaft. Neben kultivierten Pflanzen führt er die freilebenden Arten im Linksrheinischen an, schuf so auch die erste Lokalflora dieses Raumes. Stets werden die Heilwirkungen genannt. Das wiederum verschaffte dem »Contrafayt Kreutterbuch« – zusammen mit den fast gleichzeitigen Veröffentlichungen von Hieronymus Bock und Leonhart Fuchs – nachhaltigen Einfluß.

Klostergärten des Barock

Einen Höhepunkt klösterlicher Gartenkultur bringt der Barock. Das steht im Zusammenhang mit der gewandelten Mentalität, die sich am eindrucksvollsten in der Architektur äußert. Die Stifts- und Klosteranlagen des 17. und 18. Jahrhunderts unterscheiden sich kaum von denen der Schlösser, wäre nicht die Kirche unübersehbarer Bestandteil des Baukomplexes. Sie unterbricht die schloßähnliche Fassade, mit deren Prunk sie im übrigen wetteifert. Nur wenn finanzielle Gründe keinen Kirchenbau zuließen, behielt das mittelalterliche Bauwerk seine Funktion. Neben dem Glanz der barocken Klosterfassade würde es fast verloren wirken, wenn nicht wenigstens Portalfeld oder Westfassade mit Zierrat geschmückt worden wären.

Klöster als Residenzen, wie etwa beim Escorial in Spanien, gab es in dieser Form im deutschen Sprachraum nicht. Wohl aber mußten die Fürstabteien dem Rang ihrer Äbte entsprechend den feudalen Baustil übernehmen und so ihren Repräsentationspflichten nachkommen. Die Friedenszeit nach den Schrecken des Dreißigjährigen Krieges förderte diese rege Bautätigkeit.

Bis heute erregen die Abteien und Stifte des Barock unsere Bewunderung: Weingarten, Ottobeuren, St. Blasien, Salem, Zwiefalten, Neresheim oder Schussenried in Deutschland, Melk, Göttweig, Kremsmünster, St. Florian oder Klosterneuburg in Österreich, Einsiedeln oder St. Urban in der Schweiz – um nur einige zu nennen. Es waren nicht nur reichsstädtische Klöster, die erfolgreich bauten. Landstädtische Klöster beanspruchten praktisch den selben Rang und entwickelten vergleichbare Bauaktivitäten – etwa in Banz, Benediktbeuren, Fürstenfeldbruck, Tegernsee oder Waldsassen. Für Stil und Ausstattung spielt es keine Rolle, welchem Orden die geistlichen Häuser angehörten. Auch die durch ihre strenge Lebensführung geachteten Kartäuser schufen prunkvolle Anlagen, etwa in Buxheim oder Ittingen.

Die schloßartige Konzeption der Klöster bedingte auch neue Typen und Funktionen der Gartenanlagen. Der Besucher betrat bei der Ankunft einen Ehrenhof (Cour d'Honneur). So heißt der Freiplatz vor dem Hauptportal. Meist war er hufeisenförmig von Klostertrakten umgeben. Selbst bescheidene Anlagen – wie zum Beispiel das Zisterzienserkloster Marienstatt im Westerwald – folgen diesem Schema.

Die unerschöpflichen Möglichkeiten barocker Hofgärten wurden abgewandelt, um den Baukomplex mit einem reichgegliederten Vorfeld zu umgeben. Günstige Voraussetzungen des Geländes boten elegante Lösungen, wie sie Idealentwürfe für Weingarten oder Göttweig zeigen. Gartenflächen mit geschweiftem Grundriß rahmen die Klosterflügel symmetrisch ein. In anderen Fällen ließ man die Gartenanlagen terrassenförmig zum Kloster hin ansteigen, wie in St. Blasien oder in Kamp am Niederrhein. Alles deutet übrigens darauf hin, daß die Kamper Terrassengärten das Vorbild für den Park von Sanssouci in Potsdam lieferten. Umgekehrt steht der Ursprung des barocken Klostergartens von Lilienfeld in Oberösterreich, der noch heute sehenswert ist, im Zusammenhang mit einem Tiergarten, in dem Edel- und Damhirsche gehalten wurden.

Ein gutes Beispiel für eine terrassenförmige Gartenanlage bot das böhmische Zisterzienserstift Ossegg (Osek). Der um 1730 angelegte Park wurde durch Alleen und Boskette gegliedert. Später schmückte man ihn mit Freiplastiken im Stil des Rokoko. Bereits im Barock hatten viele Klostergärten derartigen Skulpturenschmuck, wie er zum Beispiel auch in Bronnbach erhalten ist. Typisch daran ist, daß keineswegs nur Heiligenstatuen oder Kruzifixe aufgestellt wurden, sondern allegorische Motive überwogen.

Klostergärten gab es nicht nur beim Kloster! Abtei oder Stift verkörpterten einen ansehnlichen Grundbesitzkomplex, zu dem außer Äckern, Wiesen, Weiden, Forsten und Fischteichen eine Anzahl von Höfen gehörte, von denen aus die Bewirtschaftung des Landes erfolgte und wo in der Regel stets auch einige Konventualen wohnten. Sie verfügten ebenfalls über (nicht selten höchst kunstvolle) Gärten. Während über deren mittelalterliches Aussehen noch wenig bekannt ist und archäologische Sondierungen noch nicht flächendeckend erfolgt sind, liegen von den neuzeitlichen Klosterhöfen genügend Abbildungen und Beschreibungen vor.

Für das Zisterzienserkloster Ebrach in Oberfranken ließ Abt Wilhelm Söllner Kupferstiche mit Ansichten des Klosters und seiner fünf vornehmsten Höfe samt Beschreibung (»Brevis notitia«) anfertigen. Aus der Vogelperspektive blickt der Betrachter auf das barocke Kloster-Schloß, das in Länge und Breite jeweils fast einen halben Kilometer (über 200000 Quadratmeter Fläche) mißt. Der riesige Ehrenhof wird zur Außenpforte durch eine weitere Gartenanlage mit sechs Beeten auf doppelte Größe gebracht und in die Landschaft hinein verlängert. Mindestens drei abgegrenzte Baumgärten sind zu er-

Einsiedeln. Die Grenzen zwischen Heiligenbild und Allegorie sind im Barock fließend.

kennen, dazu ein Garten mit Kleingehölzen sowie großflächige Gemüsegärten.

Ebenso imponierend sind die Darstellungen der vier Höfe (Kurien) in Sulzheim, Burgwindheim, Schwappach und Mainstockheim. Es handelt sich um Landschlösser mit Garten- und Parkanlagen. Zu Burgwindheim heißt es in der »Notitia«: »Die Lieblichkeit der Stätte wird in wunderbarer Weise noch gesteigert durch einen großen, fischreichen See, der die Mauern des Schlosses umspült und es fast umgibt«. Das Gewässer wird also als gestalterisches Element empfunden.

Zu Oberschwappach steht vermerkt: »Die Annehmlichkeiten dieses Schlosses vermehren in wundersamer Weise die überaus herrlichen Gartenanlagen, mit der Mauer des Amtshofes rings umschlossen und an verschiedenen Stellen gar schön von Springbrunnen belebt«. Bei der Beschreibung des Hofes Mainstockheim geht der Text noch mehr ins Detail: »Seine Lieblichkeit steigert wundersam ein ziemlich ansehnlicher, von den Mauern der Kurie mit umschlossener Garten, aufs schönste bepflanzt mit Bäumen und anderen Gewächsen und wohlausgestattet mit Wasserorgeln und kunstvollen Springbrunnen. Nicht weniger erhöht die Annehmlichkeit dieses Hofes der Main, der ... die Gestade der Kurie nahe bespült.« Welche Welten liegen zwischen dem »Hortulus« des Walahfrid und den Gartenschilderungen des Barock! ...

Wie die Schloßherren beauftragten die Äbte und Pröpste oft ausländische Architekten mit den Planungen. Mitunter suchte man zwischen konkurrierenden Strömungen Kompromisse. So wollte Abt Rybinski um 1755 die Gartenanlagen des Zisterzienserklosters Oliva bei Danzig unter Einbeziehung der Umgebung als Kombination von französischen und englischen Stilelementen gestalten. Die Terrassengärten von Kamp hat ausnahmsweise ein Mönch des Klosters, P. Benedikt Bücken, entworfen.

Die Gärten und Parks der Barockklöster waren indes nicht nur Schauanlagen. Die Nutzgärten nahmen in der Gesamtanlage eine große Fläche ein. Sie imponierten durch Produktivität und Qualität. Salem bemühte sich um die Veredlung von Obstsorten. In Rauden setzte man Pflänzlinge in teure Ziegelbecken, um sie gegen Feuchtigkeit und Frost zu schützen. Der Borsdorfer Apfel (oder auch »Graue Renette«) soll vom Hof des Klosters Pforta stammen. St. Urban lieferte dem Mutterkloster Cîteaux 1740 zwei Salatsorten. Neuzelle produzierte außer erlesenen Obstsorten auch Nelken als Spezialität. Zwischen den Klöstern fand ein reger Austausch von Erfahrungen und Saatgut statt.

Überwiegend lag der Gartenbau nun in den Händen von Lohnarbeitern. Laienbrüder wie im Mittelalter gab es nur noch vereinzelt. Doch haben auch Ordensangehörige Leistungen auf diesem Gebiet vollbracht. Abt Gabriel Dubau von Neuzelle (1742–1775) war botanisch interessiert und ließ Treibhäuser errichten. P. Rochus Krafft in Ebrach (1724–1788) legte einen »Ölgarten« an und konstruierte Wasserleitungen. Der Langheimer Zisterzienser Aegidius Baumann verfaßte das Büchlein »Kurzer Unterricht in der Obstbaumzucht« (Bamberg 1809, 1811). Der Leiter der Obstbaumschule von Fürstenfeldbruck, Br. Paulus Rieger, schrieb gleichfalls einen Leitfaden. Daß es sich bei ihm um einen gebildeten Laienbruder handelt, bedeutete in jeder Hinsicht eine Ausnahme.

Mit einer oft übersehenen Besonderheit warteten die Kartäuser auf. Ihre Nutzgärten und Parks glichen denen der übrigen Barockklöster. Die Zellengärten entziehen sich mit ihrer individuellen Unverbindlichkeit näherer Betrachtung. Eine Ausnahme bildet der Garten zur Zelle des Priors. Aufgrund seiner Leitungsfunktion bewohnte dieser nicht nur eine größere Zelle mit entsprechendem Garten, sondern mußte sich auch für Besucher bereithalten. Das Haus und noch weniger den Garten konnte er persönlich pflegen. Laienbrüder oder Diener waren zuständig. Der »Prälatengarten«, wie er aus den Kartausen Mauerbach bei Wien und Köln näher bekannt ist, stellt also einen weiteren Gartentyp des Barockklosters dar.

Von Mauerbach wird folgende Beschreibung gegeben: »Darin sind zwei quadratische Zierfelder angelegt. In einem dominieren Christus-Symbole wie das flammende Herz, im anderen marianische wie die Lilie. ... alle Zierformen waren aus Nutzpflanzen gestaltet. Entsprechend dem Nützlichkeitsdenken der Kartäuser kamen ausschließlich mehrjährige Heil- und Gewürzpflanzen, die einen Seitenschnitt gut vertragen, zur Anwendung, z. B. Lavendel, Satureja, Salbei, Thymian. So war die Ästhetik der Kartäuser immer stark an ihre rationelle Einstellung gebunden« (Mitgeteilt von Karl Neubarth, zitiert nach Brigitte Tomasczewski).

Der Josephinismus in Österreich, die französische Revolution und ihre Folgen sowie die Säkularisation in Deutschland bedeuteten – bei aller Verschiedenheit – das Aus für die Klostergärten. Lediglich in der k. k. Monarchie blieben jene Konvente bestehen, die sich den kaiserlichen Vorstellungen von einem zeitgemäßen Kloster anpaßten. Dort wurde die barocke Gartenkultur zumindest teilweise gepflegt und überliefert. Kremsmünster, Wilhering, Melk, Zwettl, Lilienfeld und viele andere Anlagen vermitteln noch heute einen recht guten Eindruck von dieser den Klostergärten so gewogenen Epoche. Während in Deutschland die Gunst des Landesherren nur ausnahmsweise – wie im Falle der Zisterzienserinnen-Abtei Lichtenthal in Baden-Baden – das Überleben gestattete, hat man zum Beispiel in der Schweizer Kartause Ittingen versucht, etwas vom einstigen Glanz innerhalb längst von Mönchen und Nonnen verlassener Mauern wiederaufleben zu lassen.

Auch in den evangelisch gewordenen Stiften wurden Gärten nach barocker Manier gestaltet. Vor dem so ganz anderen gesellschaftlichen Hintergrund haben sie allerdings kaum je das Niveau erreicht, das die Idealpläne von Weingarten oder Göttweig anstreben.

Im Klostergarten 19. Jahrhundert

Klostergärten des 19. und 20. Jahrhunderts

Trotz der katastrophalen Klosteraufhebungen seit Ende des 18. Jahrhunderts blieb die Sehnsucht nach einem solchen alternativen Leben ungestillt, so daß sich sehr bald neue Gemeinschaften (Kongregationen) bildeten oder ehemalige Klöster durch versprengte Reste der alten Orden wiederbesiedelt werden konnten. Auch die Klostergärten wurden dadurch neubelebt. Sie glichen und gleichen zwar – wie alle neuzeitlichen Anlagen – den sonst üblichen, erlangen aber ihre Besonderheit durch die Lage bei Klöstern oder wegen ihrer Bestellung durch Ordensleute.

Die neuen Kongregationen wie auch die Angehörigen alter Orden pflegten die Liebe zu den Gärten, wie es ihre mittelalterlichen Vorbilder gelehrt hatten. Wo es sich anbot, versuchte man in der Gartengestaltung den baulichen Voraussetzungen zu entsprechen. Rein mittelalterliche Anlagen gab es kaum noch. Die meisten Baukomplexe waren barock oder Verbindungen romanisch/gotischer und barocker Stile, wie im Falle der wiederbelebten Zisterzienserabteien Himmelrod und Marienstatt. Dort erliegt man der Illusion, in vergangene Zeiten einzutauchen.

Eine andere Möglichkeit war, historische Gegebenheiten im Stil unserer Zeit nachzuempfinden. Die bereits erwähnten Terrassengärten der ehemaligen Zisterzienserabtei Kamp sind dafür ein besonders eindrucksvolles Beispiel.

In dem Maß, wie die alte Kräutermedizin neues Interesse fand, hat man das überlieferte Artenspektrum wieder in Gärten zu hüten begonnen. Etliche der ehemaligen und nun anderen Zwecken zugeführten Klöster verfügen neuerdings über derartige »Klostergärten«. Manche davon zeugen von einem tiefen Verständnis für die traditionelle Kräuterkunde. Stellvertretend sei der Kräutergarten beim Kloster Michaelstein im Harz genannt, den Hilde Thoms mustergültig wartet. Interessant ist auch das Gärtchen auf der Reichenau, das entsprechend dem Hortulus des Walahfrid gestaltet worden ist. Die belgische Trappisten-Abtei Orval, die auf eine eigene pharmazeutische Tradition zurückblicken kann, hat Klosterapotheke und Kräutergarten nachgestellt und den Besuchern zugänglich gemacht.

Speziell dem Kreuzgarten, also dem vom Kreuzgang umgebenen Binnenhof, und einer möglichst getreuen Wiedergabe der ursprünglichen Vorgabe nimmt man sich in mehreren Klöstern mit historischer Bausubstanz an, so in der Benediktinerabtei Kremsmünster oder im Franziskanerkloster zu Bozen. Andere Klöster pflegen eine reiche Barocküberlieferung, oft noch mit Originalbauten wie im Benediktinerstift Admont (Pavillon) oder im Zisterzienserstift Zwettl (altes Gewächshaus). Das Augustinermuseum in Freiburg zeigt die Rekonstruktion eines Kräutergartens.

Der heilige Benedikt inmitten idealisierter Natur.

Bemerkenswerterweise wird über historische Bestrebungen hinaus auch versucht, ganz im Sinne der Tradition neue Wege zu beschreiten. So beteiligen sich heutige Ordensleute an der Entwicklung »alternativer« Gartenbautechniken. Sie können hier auch nicht annähernd aufgezählt werden. Stellvertretend sei nur erwähnt, daß die Benediktinerinnen von Fulda durch ihre Methode der Schnellkompostierung bekannt geworden sind. Die Außenanlagen des Zisterzienserpriorates Langwaden bei Grevenbroich bilden einen Bestandteil der Landesgartenschau Nordrhein-Westfalen (1995). Die Nonnen auf Frauenchiemsee haben einen Kräutergarten neu angelegt. Stift Geras und den Salesianern in Benediktbeuern liegt daran, die Idee des Klostergartens und seine moderne Weiterentwicklung zu propagieren. Ihre Gärten dienen zum Teil Lehrzwecken.

Indem sich die heute bestehenden Klöster in die Schar derer einreihen, die sich um ökologisch vertretbare Anbaumethoden bemühen, leisten sie einen Beitrag, der nicht nur der ehrwürdigen Geschichte der Klostergärten gerecht wird, sondern auch zukunftsweisend ist.

Gartenprodukte

»Benediktiner« kennt jeder, manche vielleicht nur vom Zuprosten. Diese Kräuterliköre bilden bis heute ein erfreuliches Nebenprodukt der klösterlichen Gartenkultur, ihrer Apotheken und Destillerien. Ob aus Ettal stammend oder aus Fécamp (Benedictine), ihr Charakter ist unverkennbar. Auch nichtbenediktinische Mönche waren auf diesem Sektor erfolgreich. Kartäuserlikör von der Grande Chartreuse gilt vielfach als d a s Spitzenprodukt schlechthin, zu dessen Herstellung angeblich eine Mixtur von 120 verschiedenen Pflanzenarten nötig ist.

Seit dem Jahre 1721 kennt man den Melissengeist aus dem Regensburger Karmeliterkloster (»Karmelitergeist«). Berühmter ist ein ähnliches Produkt von »Klosterfrau«. Selbst »Kölnisch Wasser« (Eau de Cologne) beruft sich auf klösterliche Ursprünge.

All dem zugrunde liegt die 1050 in Salerno entdeckte Destillation von Wein. Entweder werden Pflanzenteile in Wasser vergoren und dann gebrannt, also zu einem alkoholischen Destillat verarbeitet, oder man setzt Kräuter in Weingeist an (Mazeration). Die Qualität des verwendeten Alkohols und die Pflanzenmischung bestimmen wesentlich den Produktcharakter.

Dennoch waren naturwissenschaftliche Gesichtspunkte nicht allein maßgebend, daß sich Mönche oder Nonnen mit derlei Künsten befaßten. Das Experimentieren mit Destillierapparaturen »entsprang aus dem Bestreben, die eigentliche Heilkraft, nämlich das geistige Prinzip der Pflanze, zu isolieren, von der irdischen Materie zu befreien und zu verdichten« (Irmgard Müller).

Daher ist es kein Zufall, daß die meisten Rezepte jüngeren Ursprunges sind. Erst die Überwindung mittelalterlichen Denkens ermöglichte Versuche um ihrer selbst willen. Für die heute noch geschätzten Liköre, Melissengeiste und Parfüme ist zudem die Kenntnis jener fremdländischer Pflanzen Voraussetzung, die erst später nach Mitteleuropa gelangten. Außer Zitronenmelisse oder Nelken verlangen die Rezepte Exoten wie Muskat oder Zimt.

Diese veränderte Haltung der Natur gegenüber spricht in gewissem Grad auch aus dem Rezeptbuch des Johannes Reckschenkel aus Trier (Trevirensis), der von 1580 bis 1596 Prior der Kölner Kartause war. Nur wenige Rezepte stammen von ihm selbst. Er notierte, was Zisterzienser und Klarissen in Köln ihm mitteilten oder was er aus Klöstern in Düren, Mecheln und Eichstätt erfuhr. Ausführlich befaßt er sich auch mit dem Anbau der Pflanzen seines Rezeptbuches.

Ein anderer Mönch der Kölner Kartause, Franz Carl Georg M. Farina, schenkte den Kaufleuten Mülhens zur Hochzeit ein Rezept für »Kölnisch Wasser«. In einem Handbuch von 1731 werden Kräuterbestandteile dieses Rezeptes angeführt: Melisse, Thymian, Kalmus, Angelica, Veilchen, Lavendel und Rosmarin. Es handelt sich also nicht nur um Gartenpflanzen, die im übrigen allesamt von Reckschenkel aufgeführt wurden.

Von der Kartäusernelke war schon die Rede. Die Tulpe gelangte im 16. Jahrhundert aus Asien nach Mitteleuropa. Einem Mönch der Kölner Kartause trug sie den Namen »Tulpenkönig« ein: Pater Joseph Becker (1745–1812). Auf dem Grabmal des Melatenfriedhofs ist unter anderem zu lesen: »Redlich war und gut und im Stillen ein Pfleger der Armen, wie mit lieblichem Sinn Pfleger der Blumen des Mays. Erde bedecke nun darum sanft des Frommen Umhüllung und mit Blumen umpflanzt jährlich, oh Freunde, den Staub.«

Die Kölner befolgen noch heute diese Aufforderung.

Über dem Zisterzienser-Stift Wilhering an der Donau liegt noch der Hauch des Rokoko.

Kleines Klostergarten-Lexikon

NACHFOLGENDE Aufstellung ist alphabetisch geordnet. Der besseren Übersicht wegen sind die Objekte in Deutschland zusätzlich nach Bundesländern gegliedert. Als erste ihrer Art beansprucht diese Auflistung keine Vollständigkeit und ist ohne Gewähr. Genannt werden Orte und Kreise, Objektbezeichnung, Besitzverhältnisse (ö = in öffentlicher Hand, pr = privat), Zugänglichkeit (ohne Angabe = während der üblichen Öffnungszeiten zugänglich, zT = nur zum Teil zugänglich, nV = nach Vereinbarung zugänglich, nzgl = nicht zugänglich). Wo es sich anbietet, folgen Anmerkungen zur Geschichte und Hinweise auf Sehenswürdigkeiten (ND = Naturdenkmal, NSG = Naturschutzgebiet, LSG = Landschaftsschutzgebiet). Dem Charakter des Buches entsprechend sind nur Gärten aufgeführt, deren Anfänge vor dem 19. Jahrhundert liegen.

Deutschland

Baden-Württemberg

Altheim/Kreis Biberach
Kloster Heiligkreuztal (pr, nV). Bis 1804 Zisterzienserinnen-Kloster. Gut erhaltene Gebäude.

Baden Baden
Lichtenthal (pr, nV). Seit 1245 Zisterzienserinnen-Kloster. Erwerbsgärtnerei und Obstbau, baumbestandener Abteihof als Endpunkt der »Lichtenthaler Allee«.

Bad Mergentheim/Main-Tauber-Kreis
Schloßpark (ö). Ehemals Sitz des Hochmeisters des Deutschen Ordens. Landschaftsgarten.

Bronnbach/Tauberkreis
Bis 1803 Zisterzienser-Abtei: *Abteigarten* mit Barockskulpturen; *Saalgarten* mit Gartenhäuschen und -lauben; *Nutzgarten*, Orangerie mit Fresko (1775); *Wildgarten*. Kirche mit floralen Motiven.

Heidelberg
1. *Jesuitengarten*, Kettengasse (ö). Geometrische Barockanlage nach Plänen von Schäfer, 1804. Originalgetreu rekonstruiert.
2. *Neuburg*, Benediktiner-Abtei (pr, nV). Erwerbsgärtnerei: größte Efeu-Sammlung der Welt.

Maulbronn/Enzkreis
Klostergarten (pr, zT). Ehemaliges Zisterzienser-Kloster (bis 1557, 1630–32, 1643–48). Hervorragend erhaltene Klostergebäude des Mittelalters.

Ochsenhausen/Kreis Biberach
Klostergarten (ö, nV). Ehemals freie Reichsabtei der Benediktiner.

Reutlingen
Garten am Königsbronner Klosterhof, jetzt *Heimatmuseum* (ö). Umfriedung aus dem 14. Jh. zum Teil erhalten. Kapelle (1490) »Oase der Ruhe«.

Rot/Kreis Biberach
Klostergarten (pr, nV). Ehemals freie Reichsabtei der Prämonstratenser.

Salem/Bodenseekreis
Schloßgarten (pr, zT). Bis 1804 einzige freie Reichsabtei der Zisterzienser. Sehenswerte Bauten.

Schöntal/Hohenlohekreis
Abtei- und Konventgarten (ö). Ehemaliges Zisterzienser-Kloster, Bauten erhalten, Gärten im 18. Jh. im Zeitstil erneuert; Konventgarten im inneren Bereich (terrassenförmig). Abteigarten im Eingangsbereich. Brunnen, allegorische Figuren.

St. Blasien/Kreis Waldshut
Patresgarten (ö, zT). Reste einer Anlage aus dem 18./19. Jh.

Tübingen
Bebenhausen. Zisterzienser-Abtei 1560 in evangelische Klosterschule umgewandelt. Mittelalterlicher Charakter der Gesamtanlage z. T. gut bewahrt.

Zwiefalten/Kreis Reutlingen
Klostergarten (ö). Ehemalige Benediktiner-Abtei.Barockgarten mit eingeleitetem Bachlauf, heute vielfach Rasenflächen. Alte Klausurmauer, Brücke (1690).

Bayern

Altomünster/Kreis Dachau
Brigittinen-Kloster (pr). Rekonstruktion nach historischem Vorbild.

Altötting
1. *Kapuziner-Kloster* (pr). Barockanlage von 1657 beim Kirchbau verändert (1912).
2. *Kloster der Englischen Fräulein* (pr). Barockanlage, verändert, vorwiegend Obstbau.

Andechs/Kreis Starnberg
Benediktiner-Kloster (pr).

Bad Reichenhall/Kreis Berchtesgadener Land
Kloster der Englischen Fräulein (pr). Garten (18. Jh.) geht noch auf das ehemalige Augustiner-Chorherrenstift zurück.

Bamberg
Michaelsberg (pr). Garten der ehemaligen Benediktiner-Abtei St. Michael, barocke Terrassenanlage, drei Gartenpavillons (18. Jh.).

Benediktbeuren/Kreis Bad Tölz-Wolfratshausen
Salesianer-Kloster (pr). Älteste Benediktinergründung in Oberbayern (739) im 19. Jh. von Salesianern übernommen. Durchweg moderne Gartenanlagen.

Berching/Kreis Neumarkt/Oberpfalz
Benediktiner-Kloster Plankstetten (pr).

Bernried/Kreis Weilheim-Schongau
Klostergarten (pr). Bis 1803 Augustiner-Chorherrenstift. *Landschaftspark* (ö, ND).

Dietfurt/Kreis Neumarkt
Franziskaner-Kloster (pr).

Ebrach/Kreis Bamberg
Abteigarten (ö, zT). Plan von Wolfgang von der Auvera bis 1747 ausgeführt, Herkulesbrunnen. – *Orangeriegarten* (ö, nzgl). Um 1740 bei der ehemaligen Orangerie angelegt; *Abteigarten* mit Freitreppe und Treibhaus (1749/54). Bereich der ehemaligen Zisterzienser-Abtei (bis 1803).

Eichstätt
Kapuziner-Kloster (pr, zT). Garten mit Mauer (17. Jh.). Ehemaliges Augustiner-Chorherrenstift Rebdorf (pr).

Fürstenfeldbruck
Kloster Fürstenfeld (pr). Ehemalige Zisterzienser-Abtei. Garten entlang der Nordfassade im barocken Rahmen neu angelegt.

Irsee/Kreis Ostallgäu
Bildungszentrum (ö). Garten des ehemaligen Benediktiner-Klosters im 18. Jh. umgestaltet, 1981 erneuert.

Kammeltal/Kreis Günzburg
Kloster Wettenhausen (pr, nV). Das 982 gegründete Kloster erfuhr im 18. Jh. eine gründliche Umgestaltung im Barockstil: Quadrum des Kreuzganges, Klostervorhof (1695), Konventgarten (1680, Zierbette 1759).

Kühbach/Kreis Aichach-Friedberg
Ehemaliger Klostergarten, Paarer Str. (pr). Gartenhaus (17. Jh.).

Landshut
Kloster Seligenthal (pr). Seit 1232 (mit Unterbrechung 1803–35) Zisterzienserinnen-Abtei.

Laufen/Kreis Berchtesgadener Land
Kapuziner-Kloster (pr, ö und nV). Konventgarten von alter Mauer umfriedet, Gemüseanbau, Nadelgehölz. – Lindenallee (ö).

Maihingen/Kreis Donau-Ries
Klosterpark (pr). Um 1730 angelegt.

Mainstockheim/Kreis Kitzingen
Ebracher Hof (pr). Ehemaliger Zisterzienserbesitz, Garten 1734 vollendet.

Niederviehbach/Kreis Dingolfing-Landau
Dominikaner-Kloster (pr), gegründet im 17. Jh.

Oberaudorf/Kreis Rosenheim
Karmeliter-Kloster Reisach (pr, nV). Gartenpavillon.

Ottobeuren/Kreis Unterallgäu
Benediktiner-Abtei (pr). Gartenanlagen um 1725.

Schmuckvoll und heiter erscheint jeder Winkel im Salemer Klostergarten.

Klöster waren immer auch Grabstätten ihrer Stifter. Die Gärten von Beauport sind es geblieben.

Passau
Jesuitengarten (ö, zT). Um 1740 als Botanischer Garten des Jesuitenkollegs begründet.

Rattelsdorf/Kreis Bamberg
St. Franziskushof (pr). Klostergarten vom Ende des 18. Jhs.

Scheyern/Kreis Pfaffenhofen
Benediktiner-Kloster (pr). Ehemaliger Prälatenhof (ö).

Seeon-Seebruck/Kreis Traunstein
Park Seeon (pr). Ehemaliges Benediktiner-Kloster, von diesem noch älterer Baumbestand erhalten.

Tückelhausen/Kreis Würzburg
Ehemalige *Kartause* (ö, pr, zT). Ort liegt im Bereich des Kartäuser-Klosters, dessen Mönchszellen jetzt meist von Privat bewohnt werden. Klausenhof mit Garten und Pavillon (18. Jh.).

Wessobrunn/Kreis Weilheim-Schongau
Klostergarten (pr). Bis 1803 Benediktiner-Abtei.

Brandenburg

Chorin/Kreis Angermünde
Bis 1542 *Zisterzienser-Kloster* mit bedeutender Ruine. Konzept zur gärtnerischen Gestaltung des Umfeldes von Peter Joseph Lenné (1832).

Stepenitz/Kreis Pritzwalk
Klosterstift (pr, nV). Garten (ND) mit wertvollem Baumbestand.

Zinna-Kaltenhausen/Kreis Jüterbog
Gutspark (pr, nV). Bis 1547 Zisterzienser-Kloster, Bauten zum Teil erhalten.

Hessen

Altmorschen/Schwalm-Eder-Kreis
Heydau (ö). Bis 1527 Zisterzienserinnen-Kloster, dann landgräfliches Schloß. Reste des Barockparks, Springbrunnenbecken, Grotte, Teich. Orangerie (18. Jh.).

Arnsburg/Kreis Gießen
Bis 1803 Zisterzienser-Abtei. *Kreuzgarten* zu einer Gedächtnisstätte für Gefallene umgestaltet; Park mit beachtlichem Baumbestand.

Eberbach/Kreis Rheingau-Taunus
1. *Abteigarten* (ö) aus dem 17./18. Jh., wiederhergestellt. Orangerie (1756).
2. *Prälaturgarten* (ö) von 1721. Portal (1719) und Gartenhaus (1722). – Bis 1803 Zisterzienser-Abtei.

Frielendorf/Schwalm-Eder-Kreis
Kloster Spieskappel (ö, pr). Landschaftspark, Teiche. Springbrunnenbecken (1509) aus dem ehemaligen Kreuzgang.

Fulda
1. *Franziskaner-Kloster Frauenberg* (ö, pr, zT). Landschaftsgarten (ö) mit Wallfahrtsweg zum Kloster. – Konventgarten (nzgl).
2. *Abtei Fulda*. Erwerbsgärtnerei mit jahrzehntelanger Praxis im biologischen Anbau.

Geisenheim/Kreis Rheingau-Taunus
Schloß Johannisberg (ö). Bis 1563 Benediktiner-Kloster, 1716–1803 Schloß der Fürstäbte von Fulda. Außenanlagen im Barock und Rokoko, erneuert.

Gießen
Schiffenberg (ö, zT). Ehemaliges Augustiner-Chorherrenstift, dann bis 1809 Komturei des Deutschen Ordens.

Guxhagen/Schwalm-Eder-Kreis
Kloster Breitenau (pr). Bis 1527 Benediktinerkonvent, dann landgräfliches Schloß.

Haina/Kreis Waldeck-Frankenberg
Gartenanlagen (pr, zT). Bis 1527 Zisterzienser-Abtei, seitdem Heilanstalt. Bedeutendes Baudenkmal.

Lich/Kreis Gießen
Arnsburg (pr, zT). Bis 1803 Zisterzienser-Abtei, dann Schloß. Gartenhaus (1751).

Lorsch/Kreis Bergstraße
Ehemalige *Benediktiner-Abtei* von 763 (ö). Karolingische Torhalle erhalten. Gartenanlagen neu, Kräutergarten nach historischem Vorbild.

Niddatal/Wetterau-Kreis
Klostergarten (nzgl). Bis 1803 Prämonstratenser-Kloster. Als Landschaftsgarten um 1900 neu angelegt. Kirche sehenswert.

Rockenberg/Wetterau-Kreis
Klostergarten (ö, nzgl). Bis 1803 Zisterzienserinnen-Kloster.

Seligenstadt/Kreis Offenbach
1. *Kreuzgärtchen* (ö), nach mittelalterlichem Vorbild neu angelegt.
2. *Konventgarten* (ö) nach barockem Vorbild von 1720 neu gestaltet.
3. *Tier- oder Mühlgarten* (ö). Zum Teil neu bepflanzt. – Ehemalige Benediktiner-Abtei, 825 durch Einhard, den Biographen Karls des Großen, gegründet.

Mecklenburg-Vorpommern

Bad Doberan
Ehemaliges Zisterzienser-Kloster (bis 1555). Die nähere und weitere Umgebung des »Domes« läßt noch heute die umfassenden wasserbaulichen Maßnahmen der Mönche erkennen (Heiliger Damm, Schwemmkanal, Fischteich).

Niedersachsen

Bad Bevensen/Kreis Uelzen
Kloster Medingen (pr, nzgl). Ehemaliges Zisterzienserinnen-Kloster, dann Damenstift, 1788 neu erbaut. Landschaftspark.

Bassum/Kreis Diepholz
Stift (pr, zT). Außenanlagen zum Teil noch in herkömmlicher Weise (gemäß Funktionen) gegliedert.

Berge/Kreis Osnabrück
Börstel (pr, zT). Bis 1803 Zisterzienserinnen-Kloster, dann evangelisches Stift. Umfriedeter Park. Fischteiche.

Braunschweig
Riddagshausen (ö). Teichgebiet (NSG), mauerumwehrter Park (19. Jh.). Ehemaliges Zisterzienser-Kloster, 1690–1809 evangelisches Predigerseminar.

Dassel/Kreis Northeim
Hilwartshausen (pr, nzgl). Ehemaliges Benediktiner-Kloster. Zuführende Eichenallee (ö).

Goslar
Grünanlage St. Georg (ö). Neuere Bepflanzung im Bereich des ehemaligen Augustiner-Chorherrenstiftes.

Hannoversch Münden/Kreis Göttingen
Bursfelde, Klostergarten (pr, nV). Umfriedete Parkanlage von 1735 (LSG) über den Resten der mittelalterlichen Benediktiner-Abtei.

Heinigen/Kreis Wolfenbüttel
Gutspark des 19. Jhs. (pr, nzgl). Sehenswerter Baumbestand.

Helmstedt
Klosteranlage (pr, zT). Ehemalige Benediktiner-Abtei.

Hildesheim
Marienrode (pr, nV). Bis 1806 Zisterzienser-Kloster. Parkanlagen LSG. Baumbestand, Gartenhaus, Wind- und Wassermühle, Mauer.

Lampspringe/Kreis Hildesheim
Ehemaliger *Klostergarten.*

Mariental/Kreis Helmstedt
Klosterpark (pr, zT). Ehemaliges Zisterzienserinnen-Kloster. Dichter Baumbestand.

Nordhorn/Kreis Grafschaft Bentheim
Kloster Frenswegen (ö), 1823 aufgelöst. Gebäude und Garten zum Teil restauriert.

Northeim
Wiebrechtshausen (pr, nzgl). Ehemaliges Zisterzienserinnen-Kloster.

Rehburg-Loccum/Kreis Nienburg/Weser
Kloster Loccum (ö). Zisterzienser-Kloster, jetzt evangelischer Konfession. Quadrum, Priorsgarten, Klosterpark.

Schortens/Kreis Friesland
Klosterpark Oestringfelde (ö). Seit 1840 anstelle des ehemaligen Klosters.

In den Hallen dieses ehemaligen Klosters bei Sintra wachsen jetzt Pflanzen.

Sögel/Kreis Emsland
Schloß Clemenswerth (ö). Klostergarten.

Stadtoldendorf/Kreis Holzminden
Amelungsborn (pr, zT). Ehemaliges Zisterzienser-Kloster. Gut erhaltener Gesamtkomplex.

Walsrode/Kreis Soltau-Fallingbostel
Klostergarten (nV).

Wienhausen/Kreis Celle
Kloster (pr, zT). Ehemaliges Zisterzienserinnen-Kloster, dann evangelisches Damenstift. Klosterpark, Klosterholz, Eichenallee.

Nordrhein-Westfalen

Bonn
1. *Kloster Mariahilf* (pr, nzgl). – 2. *Kreuzberg* (pr, zT). Ehemaliges Servitenkloster. – 3. *Muffendorf* (pr, nzgl). Ehemalige Deutschordenskommende. – 4. *Ramersdorf*. Ehemalige Deutschordenskommende (pr). – 5. *Pützchen*, Karmeliterkloster (ö, pr, zT). Grünanlage mit wunderwirkender Quelle, dem »Pützchen«.

Büren/Kreis Paderborn
Mauritiusgymnasium (ö, pr). Ehemaliges Jesuitenkolleg. Teichgarten.

Eitorf/Rhein-Sieg-Kreis
Merten (pr, zT). Ehemaliges Augustinerinnen-Stift. Teile noch annähernd original, schöne landschaftliche Lage.

Grevenbroich/Kreis Neuss
Kloster Langwaden (pr, ö, zT). Konventgarten mit Mauer und Eremitage. – Landschaftsgarten mit Wassergraben, Brücke; alter Baumbestand. Nach historischen Vorbildern zum Teil restauriert. Ehemals Prämonstratenserinnen-, jetzt Zisterzienser-Kloster.

Herzebrock/Kreis Gütersloh
Clarholz (pr, ö). Ehemaliges Kanonikerstift. Vierteilige Barockanlage, meist ungenutzt.

Höxter
Corvey (ö. zT). Ehemalige Benediktiner-Abtei. Barockgarten von ca. 1740 später in Landschaftsgarten umgewandelt. Allee, Teiche.

Kamp-Lintfort/Kreis Wesel
Kamp (ö). Ehemalige Zisterzienser-Abtei. Barocker Terrassengarten von 1740 mit modernen Mitteln restauriert.

Königswinter/Rhein-Sieg-Kreis
Hiesterbach (pr, zT). Bis 1803 Zisterzienser-Abtei. Berühmte Ruine.

Lichtenau/Kreis Paderborn
Dalheim (pr). Erst Frauen-, dann Männerkloster der Augustiner (bis 1803). Terrassenanlage, axial das Gartenhaus. Teiche. Stark verändert.

Marienmünster/Kreis Höxter
Klostergarten (pr, zT). der ehemaligen Benediktiner-Abtei.

Odenthal/Rhein.-Bergischer Kreis
Altenberg (ö, zT). Bis 1803 Zisterzienser-Abtei, später simultan benutzt. Gartenhaus.

Rietberg/Kreis Gütersloh
Ehemaliges *Franziskaner-Kloster* (pr).

Siegburg/Rhein-Sieg-Kreis
Michaelsberg (pr, zT). Benediktiner-Abtei. Geometrischer Waldpark (ö, ND).

Warburg/Kreis Höxter
Hardehausen (pr, zT). Ehemalige Zisterzienser-Abtei. Gartenanlagen nur zum Teil erhalten.

Zülpich/Kreis Euskirchen
Füssenich (pr, nzgl). Ehemaliges Prämonstratenserinnen-Kloster.

Rheinland-Pfalz

Boppard/Rhein-Hunsrück-Kreis
Marienberg (pr, nV). Ehemaliges Benediktinerinnen-Kloster. Landschaftspark durch Umwandlung des Barockgartens.

Edenkoben/Kreis Südliche Weinstraße
Heilsbruck (pr,ö). Ehemaliges Zisterzienserinnen-Kloster.

Glees/Kreis Ahrweiler
Maria Laach. Benediktiner-Abtei (pr). Konventgarten (nzgl). – Paradies mit romanischer Architektur!

Großlittgen/Kreis Bernkastel-Wittlich
Himmerod (pr, zT). Zisterzienser-Abtei bis 1802 und seit 1919.

Hirzenach/Rhein-Hunsrück-Kreis
Garten der ehemaligen Benediktiner-Propstei.

Kyllburg/Kreis Bitburg-Prüm
Ehemaliges *Kanonikerstift* (pr, nV). Kreuzgarten.

Mainz
1. Ehemaliges *Augustiner-Eremiten-Stift* (nV). – 2. Ehemalige *Johanniterkommende* (nV). – 3. *Reuerinnenkloster*. Park mit Äbtissinnenhaus (nV).

Neuwied, Ortsteil Heimbach-Weis
Rommersdorf (pr, zT). 1. Französischer Garten, nach barockem Vorbild wiederhergestellt. – 2. Englischer Garten mit wertvollem Baumbestand. – 3. Quadrum mit neu angelegtem Kräutergarten. Ehemalige Prämonstratenserabtei. Eindrucksvolles Ensemble mit gut erhaltenem Gebäudekomplex.

Odernheim am Glan/Kreis Bad Kreuznach
Ruine Disibodenberg (pr). Erst Zisterzienser-, dann Benediktiner-Kloster. Kreuzgarten (Quadrum) noch erkennbar.

St. Thomas a. d. Kyll/Kreis Bitburg-Prüm
Ehemalige *Zisterzienserinnen-Abtei* (pr, nV). 1. Lustgarten mit Gartenhaus im Louis-XVI.-Stil. – 2. Umfriedeter Obstgarten. – 3. Teichgarten mit intakten Be- und Entwässerungsanlagen.

Streithausen/Westerwaldkreis
Marienstatt (pr, zT). Zisterzienser-Kloster. Garten aus dem 17. Jh. im 19. Jh. umgewandelt.

Trier
St. Matthias (pr). Benediktiner-Abtei. Garten aus dem 18. Jh. nach 1808 im Landschaftsstil umgestaltet. Schöner Baumbestand.

Saarland

Tholey/Kreis St. Wendel
Benediktiner-Abtei (pr, nV).

Sachsen

Meißen
Klosterruine »Zum Heiligen Kreuz«. Die Umgebung des ehemaligen Nonnenklosters wird neugestaltet und soll an den Gründer der Homöopathie, Samuel Hahnemann, erinnern.

Nossen/Landkrs. Meißen
Klosterpark Altzella, auf dem Gelände der ehemaligen Zisterzienser-Abtei (bis 1540) unter Einbeziehung der baulichen Reste um 1800 angelegt. Wertvoller Baumbestand.

Panschwitz-Kuckau/Landkrs. Kamenz
St. Marienthal, seit 1248 Zisterzienserinnen-Abtei: 1. *Obst- und Blumengarten* (pr, nzgl). – 2. *Lippepark*. Baumbestand des 19. Jhs., Teichanlagen älter.

Sachsen-Anhalt

Blankenburg/Kreis Wernigerode
Michaelstein (pr, zT). Ehemalige Zisterzienser-Abtei bis 1544, 1629–31, 1636–40. Nach historischen Vorbildern neu angelegter Kräutergarten.

Thüringen

Eisenach
Karthausgarten (ö). Aus dem Garten des ehemaligen Kartäuser-Klosters wurde im 17. Jh. ein Küchengarten für den Fürstenhof.

Georgenthal/Kreis Gotha
Schloßpark im Bereich des ehemaligen Zisterzienser-Klosters, das nach 1531 in ein Schloß umgewandelt worden ist.

Salem. Einfriedungen von Klostergärten haben nicht selten wehrhaften Charakter.

Österreich

Admont/Steiermark
Benediktiner-Stift (pr, nV). Anlage des 18./19. Jhs. Gärtnerei. Naturkundliche Sammlung.

Aigen/Oberösterreich
Prämonstratenser-Chorherrenstift (pr, nV).

Altenburg/Niederösterreich
Benediktiner-Stift (pr, nV).

Bregenz/Vorarlberg
Zisterzienser-Stift (pr, zT, nV). Erwerbsgärtnerei.

Göttweig/Niederösterreich
Benediktiner-Stift (pr, nV).

Heiligenkreuz/Niederösterreich
Zisterzienser-Stift (pr, zT). 1. Ehrenhof. – 2. Kreuzweg-Hügel mit typischer Barockanlage. – 3. Konventgarten (nzgl).

Kremsmünster/Oberösterreich
Benediktiner-Stift (pr, zT). Bedeutende naturkundliche Sammlungen. Barokker Fischbehälter (1718).

Lambach/Oberösterreich
Benediktiner-Stift (pr, nV). Gärtnerei.

Lilienfeld/Niederösterreich
Zisterzienser-Stift (pr, nV). Spuren barocker Landschaftsgestaltung. Naturkundliche Sammlung u. a. »Baumbibliothek«.

Mauerbach bei Wien
Ehemalige *Kartause* (nV). Fast vollständig erhalten.

Melk/Niederösterreich
Benediktiner-Stift (pr, nV). Landschaftsprägende Barockanlage.

Neuberg/Steiermark
Ehemalige *Zisterzienser-Abtei* (pr, ö). Mittelalterliche Anlage.

Reichersberg am Inn/Oberösterreich
Augustiner-Chorherrenstift (pr, nV). Barockanlage, Sammlungen.

Salzburg
Benediktinerinnen-Abtei Nonnberg (pr, nzgl). Besteht ununterbrochen seit ca. 714!

Seitenstetten/Niederösterreich
Benediktiner-Stift (pr, zT). Barockanlage des 18. Jhs., Mineralienkabinett.

St. Florian/Oberösterreich
Augustiner-Chorherrenstift (pr, zT). Große Barockanlage.

Wilhering/Oberösterreich
Zisterzienser-Stift (pr, zT): 1. *Stiftshof* (ö). – 2. *Prälatengarten*, einer »der wenigen stilrein erhaltenen Biedermeiergärten mit der wundervollen Verbindung von französischer Landschaftsgärtnerei und englischer Parkgestaltung« (A. Reisinger; nV). – 3. Moderner *Gartenbau-Großbetrieb* (ö).

Zwettl/Niederösterreich
Zisterzienser-Stift (pr, nV). 1. Abteihof (ö). – 2. Kreuzgarten (nV).

Schweiz

Altdorf/Uri
Allerheiligenkloster der Kapuziner (pr, nV). Landschaftlich reizvoller Aufstieg, großartige Aussicht.

Appenzell/Innerrhoden
Kapuziner-Kloster (pr, nV). Barockanlage in franziskanischer Einfachheit.

Bollingen/St. Gallen
Zisterzienserinnen-Abtei Mariazell-Wurmsbach (pr, nV). Schöne Lage am Zürichsee. Garten- und Obstbau. Herstellung von Heilsalbe.

Cazis/Graubünden
Dominikanerinnen-Kloster (pr, nV).

Disentis/Graubünden
Benediktiner-Abtei (pr, nV). *Klostermuseum* (ö).

Einsiedeln/Schwyz
Benediktiner-Abtei (pr, nV). Großzügige Barockanlage.

Engelberg/Luzern
Benediktiner-Abtei (pr, nV).

Eschenbach/Luzern
Zisterzienserinnen-Abtei (pr, nzgl). Größte *Sonnenuhr* der Schweiz (1683).

Hauterive/Fribourg
Zisterzienser-Abtei (pr, nV). Kreuzgarten, gotischer Kreuzgang.

Sarnen/Obwalden
Benediktinerinnen-Kloster (pr, nzgl). Gartenbau zur Eigenversorgung.

Solothurn
Kapuziner-Kloster (pr, nV). Für Gäste »Kloster auf Zeit« gegen Mitarbeit (u.a. im Garten).

Waadt/Thurgau
Ehemalige *Kartause Ittingen* (ö). Gut erhaltene Gesamtanlage. 1. Ehrenhof. – 2. Zellengarten mit original eingerichtetem Eremitenhäuschen.

Zug
1. *Kapuzinerinnen-Kloster* (pr, nzgl). – 2. *Frauenthal*, seit 1253 Zisterzienserinnen-Abtei (pr, zT).

Weiterführende Literatur

Balss, Heinrich: Albertus Magnus als Biologe. Stuttgart 1947

Braunfels, Wolfgang: Abendländische Klosterbaukunst. Köln 1969

Clifford, Derek: Geschichte der Gartenkunst. München 1966

Duft, Johannes: Notker der Arzt. Klostermedizin und Mönchsarzt im frühmittelalterlichen St. Gallen. St. Gallen 1975

Fischer, Claudia & Reinold: Geheimnisse der Klostergärten. München 1991

Fischer, Hermann: Mittelalterliche Pflanzenkunde. München 1929; Reprint: Hildesheim 1967

Fischer-Benzon, R.v.: Altdeutsche Gartenflora. Kiel, Leipzig 1894; Reprint: Hildesheim 1967

Hecht, Konrad: Der St. Galler Klosterplan. Sigmaringen 1983

Heimatbund, Deutscher (Hg.): Erfassung der historischen Gärten und Parks in der Bundesrepublik Deutschland. Bde. 1–3, 3. Aufl. Bonn 1992

Hennebo, Dieter: Gärten des Mittelalters. München, Zürich 1987

Hildegard von Bingen: Heilkraft der Natur – »Physica«. Augsburg 1991

Janssen, Walter: Mittelalterliche Gartenkultur. Nahrung und Rekreation. In: Mensch und Umwelt im Mittelalter. Hg.: Bernd Herrmann. Darmstadt 1986, S. 224–243

Keller, Herbert: Kleine Geschichte der Gartenkunst. Berlin, Hamburg 1976

Körber-Grohne, Udelgard: Nutzpflanzen in Deutschland. 3. Aufl. Stuttgart 1994

Küsters, Urban: Der verschlossene Garten. Volkssprachliche Hohelied-Auslegung und monastische Lebensform im 12. Jahrhundert. Düsseldorf 1985

Landschaftsverband Rheinland (Hg.): Der Terrassengarten von Kloster Kamp (= Landeskonservator Rheinland, Arbeitsheft 34). Köln 1993

(LCI) Lexikon der christlichen Ikonographie, 8 Bde. Freiburg 1968 ff.

Meyvaert, P.: The medieval monastic garden. In: Medieval gardens. Ed.: E. B. Macdougall. Washington 1986, S. 23–53

Müller, Irmgard: Die pflanzlichen Heilmittel bei Hildegard von Bingen. Salzburg 1982

Roth, Hermann Josef: Die Pflanzen in der Bauplastik des Altenberger Domes. Ein Beitrag zur Kunstgeschichte und zur mittelalterlichen Botanik. Bergisch Gladbach 1978

Roth, Hermann Josef: Mathematik, Naturwissenschaft, Technik und Medizin bei den Zisterziensern. In: Die Zisterzienser. Ordensleben zwischen Ideal und Wirklichkeit. Hg.: K. Elm, P. Joerißen & H. J. Roth. Bonn 1980

Roth, Hermann Josef: Die bauplastischen Pflanzendarstellungen des Mittelalters im Kölner Dom. Frankfurt, Bern, New York, Paris 1990

Schipperges, Heinrich: Der Garten der Gesundheit. Medizin im Mittelalter. München, Zürich 1985

Stoffler, Hans-Dieter: Der Hortulus des Walahfrid Strabo. Aus dem Kräutergarten des Klosters Reichenau. Sigmaringen 1978

Stoll, Ulrich: Das »Lorscher Arzneibuch« (= Sudhoffs Archiv, Beih. 28). Stuttgart 1992

Tomasczewski, Brigitte: Der Garten im Kartäuserkloster um 1500. In: Die Kölner Kartause um 1500. Köln 1991, S. 63–79

Weinrich, Christa: Bio-Gärtnern wie in der Abtei Fulda. Stuttgart 1995

Willerding, Ulrich: Gärten und Pflanzen des Mittelalters. In: Der Garten von der Antike bis zum Mittelalter. Hg.: M. Carroll-Spillecke u.a. Mainz 1992

Informationsschriften (gegen Spende!) bei:
Arbeitskreis Dörfliche Kultur, z.H. Irmgard Bott, Am Grün 34, 35037 Marburg.

Wichtige Ordenszeitschriften:
CÎTEAUX. Commentarii cistercienses. – Abdij van Zazareth, Abdijlaan 9, B-2160 Brecht.
ERBE UND AUFTRAG. Benediktinische Monatsschrift. – Beuroner Kunstverlag, D-88631 Beuron.

Bildnachweis
ARTOTHEK: S. 52 Oberrheinischer Meister »Das Paradiesgärtlein«
(Frankfurt, Städelsches Kunstinstitut)
S. 55 S. Lochner »Die Muttergottes in der Rosenlaube«
(Köln, Wallraf-Richartz-Museum)
Landschaftsverband Rheinland, Landesbildstelle Rheinland: S. 41
Hermann Josef Roth; S. 14, 22, 35, 40, 63, 64

2. verbesserte Auflage 1996

Fotos: Werner Richner
Reihenentwurf: Th. & H. Selle
Printed in Germany
ISBN 3-8003-0790-1

Die Deutsche Bibliothek – CIP-Einheitsaufnahme
Schöne alte Klostergärten / Hermann Josef Roth. [Fotos: Werner Richner]. – 2., überarbeitete Aufl. – Würzburg : Stürtz 1996
(Stürtz Bibliothek ; 12)
ISBN 3-8003-0790-1
NE: Roth, Hermann Josef; Richner, Werner; GT